Fé em Deus
e pé na tábua

OBRAS DO AUTOR EDITADAS PELA ROCCO

A bola corre mais que os homens
A casa & a rua
Águias, burros e borboletas (com Elena Soárez)
Carnavais, malandros e heróis
Conta de mentiroso
Crônicas da vida e da morte
Explorações
O que é o Brasil?
O que faz o brasil, Brasil?
Relativizando
Tocquevilleanas – notícias da América
Torre de Babel

Roberto DaMatta

com João Gualberto M. Vasconcellos e Ricardo Pandolfi

Fé em Deus e pé na tábua

Ou como e por que o trânsito enlouquece no Brasil

Rocco

Copyright © 2010 by Roberto Augusto DaMatta

Direitos desta edição reservados à
EDITORA ROCCO LTDA.
Av. Presidente Wilson, 231 – 8º andar
20030-021 – Rio de Janeiro – RJ
Tel.: (21) 3525-2000 – Fax: (21) 3525-2001
rocco@rocco.com.br
www.rocco.com.br

Printed in Brazil/Impresso no Brasil

preparação de originais
NATALIE ARAÚJO LIMA

CIP-Brasil. Catalogação na fonte.
Sindicato Nacional dos Editores de Livros, RJ.

M386f   Matta, Roberto da, 1936-
        Fé em Deus e pé na tábua, ou, Como e por que
        o trânsito enlouquece no Brasil / Roberto DaMatta;
        com João Gualberto Moreira Vasconcellos e Ricardo
        Pandolfi. - Rio de Janeiro: Rocco, 2010.

        Anexos
        ISBN 978-85-325-2600-7

        1. Trânsito - Brasil. 2. Trânsito urbano - Aspectos sociais - Brasil. 3. Automóveis - Aspectos sociais - Brasil. 4. Poder (Ciências Sociais). I. Vasconcellos, João Gualberto Moreira. II. Pandolfi, Ricardo. III. Título. IV. Título: Como e por que o trânsito enlouquece no Brasil.

10-4587   CDD-388.41
                                               CDU-656.13

SUMÁRIO

Prefácio... 7

1. Dando a partida 11
2. Raízes da desobediência 33
3. Receitas para enlouquecer: avaliações e julgamentos do trânsito 69
4. O carro é o motorista 83
5. Os motivos da loucura: um esboço de análise comportamental... 97
6. Desligando o motor 121

Anexos
   Dados sobre a pesquisa e depoimentos 129

PREFÁCIO

Enquanto me preparava para escrever este prefácio, duas notícias publicadas no jornal *O Globo* (de 10 de junho deste ano) repercutiam integralmente a temática deste livro, servindo como provas vivas e, mais que isso, dramáticas, de sua tese. Refiro-me ao brutal assassinato do mecânico de 32 anos, Eduardo Matos, vitimado em Bonsucesso, subúrbio do Rio de Janeiro, quando, ao tentar pegar um ônibus, reagiu a um automóvel que abusivamente passou raspando por seu corpo. Seguiu-se uma áspera discussão com o motorista, e o resultado foram os cinco tiros que tiraram a vida do mecânico-pedestre. Também me chamou a atenção o comentário escrito pelo jornalista Mauro Ventura. Trata-se do caso clássico, vivido por todos os motoristas brasileiros que, em seus automóveis, testemunham o ônibus que fura o sinal e quase os esmaga. O jornalista, no entanto, não fica apenas boquiaberto. Segue o ônibus e, após alcançá-lo, ouve um pedido de desculpas que sela o incidente, produzindo uma reflexão e o relato de um outro episódio. Dessa vez, é o jornalista que, a pé e desencouraçado, tenta uma travessia e é quase atropelado por um carro. Ouve, então, aquilo que interpretamos recorrentemente na pesquisa: "Seu f.d.p., está querendo enfrentar um carro?"

Em ambos os casos, e em outros, o ponto de partida é o de que a *rua* é um perigo. Ela pode ser o nosso túmulo, e nela devemos esperar pelo pior, pois que pertence aos veículos, jamais aos pedestres – essa maioria. Quer dizer: na rua, a democracia e o bom-senso ali requeridos se invertem, e a maioria descobre, sob pena de ser sistematicamente agredida ou perder a vida, que aquele espaço pertence aos que estão dentro de seus respectivos veículos ou montados em suas motos. A minoria forte e protegida, explosivamente embrutecida por seus motores (e, muitas vezes, por seus revólveres e suas barras de ferro), torna-se opressora da maioria, que, tentando seguir para o trabalho, para a escola ou simplesmente ir para casa, vê-se forçada a tentar sobreviver. E, eis o mais alarmante, o cenário é tido como normal e *natural* (ou constitutivo) do *mundo moderno*. Aceitamos a loucura, a injustiça e a crueldade porque, mesmo num espaço igualitário, jamais discutimos a hierarquia do mais forte e do mais poderoso como rotina que permeia a construção do espaço público no Brasil.

É aí que está o nó da questão. Do mesmo modo que um governo tem o poder de nos massacrar com o que lhe der na telha (impostos, política externa voltada para confraternizar com ditadores, descaso pelas regras mais comezinhas do bom-senso), nós – dentro de um veículo – viramos nazifascistas. Nos transformamos em hierarcas superiores em um espaço marcado pela igualdade. Admoestamos e damos lições brutais aos que ousam *desobedecer* ou *desafiar* o fato estabelecido de a rua ser dos carros. Os pedestres, tomados como peões ou inferiores, figuras menores e com menos direitos, atrapalham nossa circulação como motoristas. Toda vez que nos apossamos de algum veículo, isso surge em nosso espírito, e até hoje não sabemos bem o porquê.

Esse é o ponto central de *Fé em Deus e pé na tábua*, cujo objetivo é explicar as razões de uma mentalidade como a nossa pelas ações por ela determinada. Aqui discutimos o resultado desta brutal contradição: como o espaço igualitário da rua torna-se hierarquizado e quais são as consequências. Nossa principal contribuição é tentar democratizar a *rua*, fazendo com que ela, tanto quanto a *casa*, seja submetida a um código igualitário – ponto capital de toda sociedade republicana, liberal e democrática, fundada na competição de ideias, de partidos e, em seu centro, na divisão de poderes cujo principal fundamento é a consciência e, acima de tudo, os limites do poder. Como autor, tenho plena consciência de que este dilema entre igualdade e hierarquia surge e ressurge em todos os capítulos – que, por isso mesmo, podem ser lidos independentemente uns dos outros, já que foram escritos com o intuito de demonstrar um mesmo teorema sociológico.

Não se trata de mera repetição, mas de um contraponto que, como um coro grego, assinala o estilo pelo qual construímos e desconstruímos o espaço público no Brasil.

Finalmente, cabe mencionar que sem a amizade e o apoio de João Gualberto Moreira Vasconcellos, de Ricardo Pandolfi e a dedicação editorial da Natalie Araújo Lima, este trabalho dificilmente teria se concretizado. Ao instituto de pesquisas Futura, que me deu um lar no Espírito Santo, ao Conselho Nacional de Pesquisas e ao Departamento de Sociologia e Política da Pontifícia Universidade Católica do Rio de Janeiro, onde trabalho, desejo igualmente expressar meus agradecimentos.

ROBERTO DAMATTA
Jardim Ubá
16 de junho de 2010

1. Dando a partida

Este livro é o resultado de pesquisas encomendadas pelo Governo do Estado do Espírito Santo através de seu Departamento Estadual de Trânsito (Detran-ES) à Futura Consultoria e Pesquisa, que me contratou como consultor do projeto. O planejamento, além de algumas hipóteses de trabalho e a investigação propriamente dita, foram elaborados, discutidos e realizados em 2007. As pesquisas, usadas no projeto Igualdade no Trânsito, tinham um objetivo inadiável e premente: melhorar o trânsito na área da Grande Vitória e do restante do estado, cujos índices de acidentes e outros abusos não destoavam do nível epidêmico e patológico vigente no resto do país[1]. Seria preciso aceitar o desafio de desvendar e compreender o comportamento no trânsito e, de modo mais abrangente e inovador, decifrar como o espaço público é construído na Grande Vitória e no interior do Espírito Santo. Por isso, desde o planejamento e a montagem da pesquisa, o objetivo era chegar a um resultado que ultrapassasse as receitas e os lugares-comuns que sempre remetem à *educação no trânsito* no seu sentido mais formal, geral e superficial. Também era fundamental ir além de pontos como a continuamente invocada necessidade de forte repressão (prender e tirar a carteira dos maus motoristas, por exemplo), as mais do que utópicas mudanças legislativas, as queixas sobre o estado das ruas, avenidas e estradas defeituosas, cheias de perigosos buracos ou sem calçamento adequado e a ausência de recursos para a modernização de equipamentos urbanos destinados a gerenciar o tráfego.

Diante dessa tarefa, concluímos que seria inútil realizar a costumeira *démarche* legislativa porque, como estamos fartos de saber, vale muito pouco clamar por novas leis que eventualmente nos levem a um código de trânsito mais adiantado do que o sueco, o alemão ou o britânico, assim como de quase nada adianta instalar equipamentos americanos de última geração e transformar nossas ruas em bulevares parisienses sem ter suecos, alemães, ingleses, americanos e franceses para transitar nelas, obedecendo e honrando os códigos. Sem promover novas leis e desenhos institucionais em sintonia com a internalização dessas regras junto aos cidadãos que devem orientar e balizar, o avanço será muito lento.

Qualquer legislação está destinada ao fracasso caso a sociedade que a recebe dela não necessite ou esteja preparada para suas inevitáveis implicações disciplinadoras. Afinal, toda mudança realizada na área da administração pública causa reações. Se for inteligente e capaz de traduzir os anseios e ideais da sociedade, enfrentará resistências locais. A mudança liberta, mas inevitavelmente fecha espaços e diz um desagradável "não pode!" a comportamentos antigos, bem estabelecidos e tomados pela população que os pratica como normais, racionais ou naturais. A lei recém-promulgada, quase sempre percebida como uma novidade negativa, promove uma clara consciência dos velhos hábitos.

Assim agiram, por exemplo, vários formadores de opinião em relação à lei que instituiu a obrigatoriedade do uso do cinto de segurança, inventado há pouco mais de cinquenta anos pelo sueco Nils Bohlin, na época engenheiro de segurança da Volvo. Houve reações contra o cinto em toda parte, mas no Brasil a polêmica foi iniciada quando, em 1979, o engenheiro Mário Fernando Petzhold, professor de ética na engenharia da Universidade Federal do Rio de Janeiro, fez o projeto que deu origem à regulamentação jurídica do uso do cinto de três pontos.

Mais tarde, em 1985, recém-saída de uma ditadura e extremamente sensível a proibições e imposições por parte do Estado, a população brasileira ofereceu resistência à regulamentação do uso do cinto de segurança. O repúdio foi ainda maior em 1998, quando entrou em vigor o Código de Trânsito Brasileiro. De um lado estavam os que remarcavam nossa incapacidade coletiva para cumprir qualquer lei; de outro, os que ridicularizavam o uso do cinto, denunciando-o como um mero componente da espoliação mercadológica da indústria de automóveis a nos impingir mais um engodo. Falava-se do quão impossível para o motorista brasileiro seria entrar no veículo e *apertar o cinto*. Como tantas outras, tratava-se de mais uma lei que não pegaria. Ademais, leigos com opinião formada sobre uma questão que tecnicamente pouco conheciam – como é comum no Brasil – argumentavam que o cinto promoveria mais mortes porque impediria os acidentados de saírem prontamente dos carros numa emergência. Conforme o tempo passava e as evidências surgiam, o cinto de segurança mostrou-se algo necessário e importante para a segurança dos motoristas e passageiros. Hoje, são raros os que não o utilizam.

O mesmo ocorreu mais recentemente com a Lei 11.705, a "Lei Seca". Promulgada em 19 de junho de 2008, determina tolerância zero em relação ao consumo de álcool no ato de dirigir. A lei problematizou as concepções locais de *bebida* e de *beber* em relação ao ato de dirigir: certos hábitos eram considerados inofensivos, incapazes de causar *maiores problemas* até a vigência da norma legal. Pelo costume, o bêbado era o *outro*: o vizinho, ou o desconhecido, pois *beber* sempre esteve associado à comensalidade, aos parentes, amigos e à boa e farta mesa, bem como às pessoas e à gente da casa. O porre jamais ocorre com os nossos, que *sabem beber* e *bebem bem*, com compostura; mas sempre com os outros, de tal sorte que a quantidade de bebida ingerida segue a lógica da relação pessoal: os desconhecidos bebem sempre muito mais do que os conhecidos. Nessa concepção, o álcool pode ser ingerido em grandes quantidades pelos nossos, que, sendo bons beberrões, jamais perdem o controle. Tal princípio, que contempla a gradação e a proximidade social, entretanto, não é válido para os outros, aos quais a lei – se lei há – deve ser duramente aplicada. Além disso, e esse é o ponto fundamental, a relação entre os atos de beber e dirigir um veículo motorizado não havia sido seriamente discutida até então. O bom-senso e uma ultrapassada condescendência consideravam os casos de abuso, anotavam as práticas incongruentes, mas o costume não era colocado em causa ou desafiado cabalmente por uma regra, até que todas as velhas práticas foram rejeitadas e reprimidas pela "Lei Seca".

Apoiado nela, o policial da *blitz*[2] que, teoricamente, não conhece ninguém, tem o dever de cumprir a regra: qualquer motorista deve fazer um teste no bafômetro, que trata a todos, apesar de protestos, de modo mecânico e – eis o problema – igualitário. Esse surpreendente e inevitável igualitarismo legal contrariou frontalmente a tradição, que jamais problematizou devidamente a associação entre dirigir e beber e que, quando era obrigada a fazê-lo, situava a questão em escala de valores relativos à proximidade com o sujeito das queixas ou do acidente.

Tal como ocorreu no caso do cinto de segurança, as primeiras reações à lei de 2008 foram negativas. Chegou-se a alegar motivos comerciais para suprimi-la, pois ela arruinaria estabelecimentos comerciais cujo negócio estava centrado na venda de bebidas alcoólicas. Houve uma significativa e importante batalha entre a lei (que separava terminantemente dirigir de beber) e o costume estabelecido, que não via problema ou sequer tinha consciência das implicações entre esses atos. Atualmente, a população parece ter se ajustado a ela, convencida de que o velho hábito de dirigir alcoolizado era realmente um abuso de cidadania ou uma irresponsabilidade aos chamados direitos do cidadão no trânsito. Neste caso, é a lei que deflagra a consciência de um delito que a sociedade simplesmente tolerava ou não percebia como tal. Num sentido preciso, então, pode-se sugerir que o tão propalado *processo de modernização* tem como centro um diálogo (áspero, violento, nervoso ou tranquilo) entre costumes ou padrões de conduta, como diziam meus professores de antropologia – regras inscritas no coração, como dizia Rousseau –, e leis escritas, ou seja, normas consciente e explicitamente feitas como remédio, receita ou resposta para certas situações e práticas sociais.

Causas nada óbvias

Não há dúvida alguma, como tem sido exaustivamente assinalado por especialistas nesta área, que o *comportamento* do motorista é o grande responsável – ao lado da postura dos pedestres, das vias por onde trafega e do veículo que dirige – pela maioria dos acidentes de trânsito no Brasil. Mas, conforme assinalou Charles L. Wright num ensaio pioneiro, "A economia política dos acidentes de trânsito"[3], é preciso ser mais objetivo sobre o que a categoria *comportamento* contempla ou engloba. Pois ao *comportamento* que, afinal, constrói o contexto do acidente, pode ser atribuído um mundo de fatores que vão do descuido ao erro; da imprudência à ousadia criminosa; do engano à falta de competência do condutor. E não se pode excluir desse contexto eventuais falhas do veículo, um possível descuido do pedestre e dos outros condutores, a ausência de equipamento destinado ao controle do tráfego e até mesmo um erro de construção da via pela qual se trafega. E ainda há um último fator, que este trabalho tangencia, atentando, até onde sei, para o que nenhum outro ensaio sobre o assunto contempla: a questão do infortúnio, da má-sorte, do carma ou do destino que, no Brasil, e em outros lugares, é um modo mais do que satisfatório de lidar com as circunstâncias não previstas – ou arriscadas, como diria a consagrada antropóloga inglesa Mary Douglas. Os imprevistos eventualmente promovem dano e suas causas são difíceis de serem traçadas com precisão quando os observamos em toda a sua espessura ou totalidade[4]. Daí sua classificação como *infortúnio, fatalidade, acidente* ou *desastre*.

Num sistema balizado pela norma e pelo ideal de racionalidade manifestado nas tecnologias que concretizam o saber *científico* e na famosa ética disciplinar estudada por Michel Foucault, tais considerações trazem desconforto porque invocam variáveis ou dimensões que escapam ao caráter empírico e regulador. *Fatalidades* reintroduzem, num cenário avesso a reflexões místicas (ou seja, a hipóteses ou sugestões contranormativas e abertas), elementos transcendentais, concepções paralelas colidentes e intencionalidades. Trata-se daquilo que o filósofo Henry Bergson, o antropólogo britânico E. E. Evans-Pritchard[5] e o sociólogo Émile Durkheim perceberam e chamaram de *significado moral*, ou seja, a dimensão simbólica que procura o equilíbrio (ou a equivalência) entre um efeito não intencional cruel e trágico (o acidente) e suas causas ou vítimas. Com efeito, o que mais chama a atenção do antropólogo interessado em compreender o que é visto como *acidente* ou *tragédia* é como os fatores relacionais – os elos entre objetos, pessoas e entre intenções dos atores implicados na situação – são obrigatoriamente chamados à cena, o que marginaliza o modo de leitura instituído pela modernidade segundo o qual investigar e analisar são, no fundo, reduzir, desmembrar, compartimentalizar ou individualizar com a certeza de isolar uma causa única, definitiva e absoluta, situada fora dos desejos e pulsões (conscientes e inconscientes) dos indivíduos envolvidos⁶. O que torna insatisfatória essa forma de lidar com o infortúnio é, sobretudo, a desproporção entre sua magnitude e sua causa. Por exemplo: descobrir que foi um parafuso solto a causa do acidente que *levou o nosso filho*; ou que um louco anônimo fuziluo o presidente dos Estados Unidos.

A tese do *bode expiatório*, de René Girard, ou a teoria da conspiração (ou do inimigo oculto), é a dessa busca de equilíbrio entre o acidente e suas causas últimas e íntimas. Se a tragédia é grande, enorme deveria ser sua causa. A gratuidade, mesmo em um mundo que a institui como rotina devido à sua paixão pelas tecnologias, ainda é um problema. Pois exigimos que tudo opere perfeitamente bem e sem erros, mas amamos na mesma proporção o azar e o inesperado: o *sal da vida*.

Foi levando em conta essas questões que resolvemos esmiuçar as razões que fazem parte deste *comportamento*, dando-lhe sentido moral ou social. No caso, um significado negativo, já que há pelo menos três ou quatro décadas o *trânsito* é considerado um dos mais drásticos e vergonhosos problemas da vida coletiva do Brasil⁷.

Modelos aristocráticos

Constata-se que, no Brasil, o transporte de massa mais comum é o automóvel, sendo até mesmo exclusivo em alguns casos, em detrimento de todas as outras formas de condução pública. Com efeito, a violência nas ruas e no trânsito tornou-se mais palpável na medida em que elegemos formas individualizadas e pessoais de circulação motorizada, em pleno descaso pelo transporte público ou coletivo, sem a preocupação simultânea de tornar seus usuários obedientes às regras que esse tipo de mobilidade determina e sem qualquer discussão mais aprofundada no sentido de atualizar as normas que gerenciam o movimento de veículos e pessoas na sociedade brasileira.

O automóvel é uma opção, diga-se logo, que está em harmonia com o estilo aristocrático de evitar o contato com a plebe ignara, o povo pobre, chulo e comum, desde os tempos das liteiras e dos palanquins. Como nos revela Gilberto Freyre no imperdível capítulo dez de *Sobrados e mucambos*, nossa elite resistiu enquanto pôde às carruagens; e, mais tarde, depois de um surto de transporte público, à chegada dos trens e dos bondes, com seu extraordinário potencial democratizador e igualitário, conforme salienta o mesmo Gilberto Freyre.

Quanto à hierarquia, basta citar o clássico de Thomas Ewbank, *A vida no Brasil; ou Diário de uma visita à terra do cacaueiro e das palmeiras*[8]. Vindo dos Estados Unidos e tendo vivido em sociedades que primeiro estabeleceram o individualismo e o igualitarismo como valor, Ewbank ficou fascinado com esses estilos aristocratizados e interdependentes que pipocavam na vida social local. E escreveu, falando precisamente do *trânsito* e do movimento na cidade do Rio de Janeiro daquele período pré-bonde:

> Se o costume não impedisse às senhoras passear nas ruas, dificilmente poderiam dedicar-se a esse exercício com qualquer conforto. Poucas cidades têm logradouros públicos menos adaptados para isso que o Rio. Sua pequena largura, o perigo das rodas dos carros e carruagens, a imperfeição dos passeios e algumas vezes sua inexistência, para nada dizer das indecências dos negros, e das condições indecorosas dos logradouros públicos [...] são suficientes para manter dentro de casa o sexo frágil. [...] Quando uma senhora quer visitar a parte comercial da cidade, manda chamar uma carruagem ou cadeirinha. Todas são construídas de acordo com o mesmo padrão e diferem apenas nos ornamentos. Cadeira é a palavra portuguesa para *chair*, e

cadeirinha, ao pé da letra, *little chair*. A cadeirinha deriva da *sella gestatoria* de Roma, sendo provavelmente um fac-símile, infinitamente mais elegante e cômoda, que a antiga cadeira inglesa. [...] Os dois carregadores da cadeirinha jamais caminham em linha; o que segue à retaguarda fica sempre mais ou menos à esquerda ou à direita do que vai à frente, o que é mais cômodo tanto para eles próprios como para a pessoa que transportam. Nunca param para descansar, mas de vez em quando transferem o peso de um ombro para outro, enquanto andam, não modificando realmente sua posição com referência à cadeirinha, mas transferindo o peso por meio de uma forte bengala colocada sobre o ombro desocupado e passada por baixo do varal. Conheci uma cadeirinha que tinha uma cúpula de couro polido com um pombo dourado por cima e cortinas ricamente bordadas. As extremidades dos dois varais eram formadas por cabeças douradas de leões. Essa cadeirinha era particular e os escravos que a transportavam vestiam resplandecente libré. As criadas da senhora caminhavam atrás da cadeirinha [...] Às vezes a cadeirinha sai à rua sem seu proprietário. Vi uma delas, de cor azul, quase toda coberta de bordados dourados. Uma larga faixa de couro de Córdoba envolvia o topo da cadeirinha em cujas frente e retaguarda salientavam-se duas elegantes pontas ou remates; sobre o teto convexo erguia-se uma águia prateada ou prateado-dourada. As cortinas estavam puxadas para um lado, mostrando o interior da cadeirinha e sobre ela um enorme ramalhete, presente enviado pelo seu proprietário e que tinha seu valor aumentado pelo aparato cavalheiresco da entrega. Em outra ocasião, encontrei uma cadeirinha com uma cúpula verde-clara sobre a qual se erguia um pombo de prata. As cortinas eram carmesim, cor adotada nos funerais das crianças: em seu interior o cadáver de uma delas ia sendo levado para o cemitério[9].

Realmente, preferimos formas verticalizadas de relacionamento social em que o ápice (ou centro) seja bem claro e até mesmo insofismável. Em outras palavras, sabemos bem quem manda, ou quem é o patrão, como dita a norma aristocrática que permeia nosso sistema social de cabo a rabo. Consequentemente, temos problemas com estilos nos quais os laços sociais (ou as situações) estejam fundados na horizontalidade, cuja expressão mais clara é a igualdade de todos perante uns aos outros ou a alguma coisa. Nesse sentido, a preferência por formas individualizadas de transporte apresenta um dilema e mostra um retrocesso. Por um lado, representa uma regressão, porque tivemos o bonde e o trem como instrumentos de deslocamento coletivo rotineiro e eficiente. Por outro, em meados do século XX, a onda *desenvolvimentista* permitiu-nos os delírios de sermos donos de um carro como coroamento do sucesso individual.

Acedemos à individualização dos meios de transporte pensando somente em sua dimensão individual (logo canibalizada pelo nosso viés relacional) e deixamos de lado as normas e os requerimentos coletivos que, como acentua Louis Dumont, são a contraparte de qualquer individualismo. A compartimentalização conduz necessariamente à tomada de consciência do espaço comum que contém ou engloba todos os seus atores. Como, eis a questão, realizar isso num universo em que os condutores não internalizaram ou sequer discutem as normas que os governam para, no mínimo, harmonizar suas ações?

O bonde foi o primeiro e talvez o mais adequado e bem-sucedido meio de transporte urbano e coletivo no Brasil. Era aberto lateralmente, não tendo corredores internos entre os bancos dos passageiros. Destinado a trajetos curtos (por oposição às longas viagens dos trens), não tinha *entrada* e *saída*, podendo ser abordado pelos passageiros tanto do seu lado direito quanto esquerdo. A ausência de proteção lateral permitia ventilação constante, de modo que o bonde se ajustava ecológica e socialmente. Ademais, era um meio de transporte com um movimento próprio – rápido ou lento, mas jamais muito veloz –, pois permitia que seus usuários dele saíssem e entrassem a qualquer momento e uma interação constante entre os condutores e os passageiros que estavam sentados ou decidiam viajar no *estribo* – plataformas laterais que ajudavam os viajantes a nele *subir* e *descer*.

Gilberto Freyre está correto quando observa o bonde como instrumento de democratização, no sentido de promover o encontro e a intimidade física, absolutamente igualitária, entre pessoas conscientes de seu posicionamento social, mas obrigadas a sentar-se lado a lado. É claro que os bancos tinham limites para o número de passageiros, mas é igualmente óbvio que tal regra era sistematicamente violada quando, por exemplo, um passageiro via um amigo ou amiga, de modo que sempre havia que se espremer um pouco mais ou menos para ceder lugar a mais um. Jovem, cansei, numa Juiz de Fora dos anos 1950, de ser obrigado a diminuir o espaço lateral do meu corpo, que não era muito grande, para dar lugar a algum senhor ou senhora de idade. Foram, porém, menos frequentes as vezes nas quais fiquei apertado de encontro a alguma beldade. O bonde foi, por tudo isso e mais alguma coisa que certamente fico devendo ao leitor, tema recorrente de contos e crônicas que descrevem o incômodo dos passageiros eventualmente apertados entre homens ou mulheres feios, malcheirosos, negros, pobres e gordos. É famosa a anedota atribuída a Emilio de Menezes, que exclamou, ao ver o peso de duas matronas quase quebrar um banco: "É a primeira vez que vejo um banco quebrar por excesso de fundos!"[10] É certo, acentuo, que havia um vagão de *segunda classe*, mais barato. Seus bancos eram menos confortáveis e tinham um espaço central livre, onde carregadores, empregados ou operários podiam transportar móveis ou objetos como maletas e máquinas. Mas é igualmente correto que o bonde operava – e a palavra em inglês *bond* assim sugere – como grande fiador simbólico de um "adesivo" ou "laço", uma igualdade que os cronistas comentam em tom sério ou jocoso, revelando sempre o estranhamento de uma intimidade horizontalizada e passageira. Esta proximidade podia ser lida como incômodo, abuso, ou por seu lado sexual, pois era costumeira a *bolina no bonde* tal como ela é hoje abertamente condenada, mas existente, nos ônibus e nos trens.

O bonde chamou atenção porque foi o início do sepultamento das formas individualizadas e aristocráticas de transitar nas cidades, mas degenerou com o advento e o sucesso da indústria automobilística a partir dos anos 1960. Assim, trens e bondes foram substituídos por ônibus e, com a adoção de um modelo de vida que enfatizava e glamorizava a autonomia individual (e a velocidade), pelos automóveis.

O encontro deflagrado pelo processo de aculturação de um estilo (e uma lógica) de vida hierárquico e aristocrático com um tipo de transporte movido a gasolina, imposto pelo individualismo moderno, conduziu a uma notável indecisão relativa a políticas públicas e ao planejamento urbano de massa de viés horizontal ou igualitário. Esta indecisão está na raiz de uma patética falta de espaço para a circulação de veículos motorizados – que ocupam uma área significativa enquanto transportam apenas um cidadão ou, no caso, *supercidadão* neles encastelados – e de uma frota de ônibus cujos proprietários têm um poder político desmedido[11]. Tal processo causa problemas no fluxo de veículos, acentuando a superioridade social relativa dos usuários de automóveis, que preferem o transporte individual e personalizado ao coletivo (e impessoal), pelo qual têm aversão. Não deve, portanto, causar espanto a concepção da igualdade como expressão de conformidade e de subordinação.

HERANÇA ESCRAVISTA

No Brasil, a presença maciça de escravos, usados como máquina ou animal de carga e de transporte, bloqueou o uso de motores e instrumentos mecânicos. A implicação é mais que óbvia. Numa sociedade moldada pela escravidão, existe uma elite de clérigos, médicos e advogados, uns e outros, destinados a perdoar, legitimar, justificar, curar e remediar a operação de um sistema sem engenheiros e especialistas em propor e resolver coisas práticas. Os heróis de Machado de Assis, para citar um romancista cuja poderosa obra se debruça sobre o cotidiano mais trivial da vida urbana carioca, são bacharéis, padres e médicos – legisladores, mediadores e sacralizadores das resoluções de conflito e do *status quo*, não inovadores ou técnicos. Nesta sociedade, engenheiros e especialistas – empreendedores – são os últimos a surgir. No Brasil arcaico, tudo era feito por escravos – substitutos de carroças, veículos, esgotos, canos e máquinas a vapor. A sociedade era vagarosa e a relação entre espaço e tempo, que, na velha equação newtoniana, determina a velocidade, simplesmente não era um destaque nos cálculos de comércio ou no transporte, o que conduzia, tal como foi o caso em Portugal, a um incrível descaso em relação à construção de estradas, condição básica para o progresso. Neste sistema, o bonde puxado a burro, a carruagem e o carro de boi foram contemporâneos e substituíram gradualmente o transporte individual nas cadeirinhas. Com a chegada do ônibus e do automóvel, este passou a ser dominante, algo coerente com o modelo dos segmentos aristocráticos, que, tendo o carro, abandonaram o bonde e o trem, demonstrando mais uma vez seu desdém pelo transporte público, reiterando seu pendor pelo viés hierárquico.

Adotamos o automóvel, que ajuda a cruzar territórios e permite um exercício vigoroso e apreciado de individualidade e liberdade num campo social inevitavelmente marcado pela igualdade, mas pouco refletimos sobre o que um sistema no qual as pessoas se movem dentro de veículos, *de carro* (conforme falamos coloquialmente no Brasil), demanda. Discutimos e anunciamos os novos veículos e suas maravilhas, mas pouco falamos de suas exigências e coerções. Não se trata apenas de ressaltar que podemos e devemos usar melhor a racionalidade de uma *engenharia de trânsito*. Nem de reiterar um conhecido e necessário laço entre meios e fins numa suposta demonstração de que todos os seres racionais usam o modo mais direto e mais rápido de chegar a algum lugar. Está em questão descobrir que tal racionalidade tem como base social a igualdade e o individualismo e, indo bem mais longe, desvendar como, ao lado desse pressuposto universal, há em operação uma outra lógica. A de que, como iremos mostrar neste trabalho, vai além da racionalidade do *pé na tábua*, chegando à esfera da proteção divina, do famoso *fé em Deus*.

Sendo gradual e elástica, familística e pessoal, essa outra lógica fala das hierarquias, simpatias e séries sociais que atuam no campo urbano do Brasil, insinuando-se no desenho cartesiano das ruas e avenidas e até mesmo diante da luz mais clara dos sinais, passando ao largo ou negando a igualdade quando, ao volante do carro, está um cidadão de pele mais clara, dono de um veículo mais caro, com mais dinheiro no banco e tendo assento ou relações no poder. Tal sujeito acredita que tem o privilégio de desobedecer às normas e, deste modo, de realizar a familiar *bandalha* que eventualmente produz o acidente ou o engarrafamento e engendra um conhecido vocabulário do trânsito.

O TRÂNSITO NO DIMINUTIVO

Nossa notória capacidade para com o uso do eufemismo alivia o peso do termo *bandalha*. A palavra vem de bandalheira, que remete a crime, patifaria e indecência. Nós, como de hábito, cobrimos sua gravidade como um mero e pequeno delito: uma inocente *bandalha*, que, feita por nós e pelos nossos amigos, mostra sagacidade e um pouco de malícia, jamais de maldade ou intenção explicitamente criminosa. Ao dirigir, definimos uma guinada agressiva em cima do carro alheio como uma *fechadinha* ou *batidinha*. Do mesmo modo, nós não mentimos, mas damos uma *enganadinha* ou contamos uma *mentirinha*. Não roubamos, *tiramos*. Já o vizinho (ou o adversário político) rouba e espia, enquanto nós damos uma simples e rápida *olhadinha*. O inimigo faz assédio, nós damos uma *cantadazinha*. O trânsito, permeado de eufemismos, conduz a duas questões: (a) quem pode usá-los impunemente? E (b) como é possível continuar personalizando o uso de um espaço que demanda gestos automáticos e impessoais por ser rigorosamente de todos? Veja-se, adiante, a discussão da expressão *barbeiro*.

Um novo mundo

Deixando de lado a gigantesca e silenciosa revolução em cascata deflagrada pela fabricação e pelo consumo de veículos movidos a motor de explosão e seu uso em larga escala[12], penso simplesmente nas modificações radicais que a circulação desses veículos determinou no panorama urbano tradicional do Brasil. Promoveu a invenção de instituições e funcionários especiais (como os departamentos e os *guardas* de trânsito), de tipos originais de pavimentação (como o asfalto), assim como novos traçados de avenidas e ruas, o uso de sinais, a modificação na distribuição de postes de iluminação e energia e, sobretudo, um novo estilo de controle sobre a movimentação dos moradores das cidades, cujo espaço se tornava mais aberto a escolhas individuais a fim de permitir fluência nos fluxos de pedestres e veículos.

De um ponto de vista sociológico ou comportamental, a novidade desses controles estava centrada, evidentemente, no automatismo e na impessoalidade. Trata-se de exigências que requerem uma aceitação voluntária mínima dos códigos de controle e coordenação de movimento por parte dos agentes – o que, por seu turno, demanda um nível profundo de internalização dessas normas. Numa cidade na qual a população era, até então, transportada por palanquins, charretes, redes, carruagens e cavalos, a dinâmica do trânsito é feita pelo reconhecimento personalizado dos proprietários dos veículos. Com isso, as deferências caseiras, vigentes nas relações sociais, são usadas no espaço urbano em geral – "eram a cadeirinha e os escravos da baronesa"; vejam "o carro novo do dr. Silva!"; deu problema com "a charrete do senador Medeiros"[13]. Na medida em que a paisagem urbana é permeada por carros movidos a motores de explosão cujos proprietários são uma multidão, torna-se impossível movimentar-se sem um código universal válido para todos e (eis o ponto crítico e, ao mesmo tempo, doloroso) a ser *obedecido* por todos.

Neste novo contexto, não importa quem dirige, mas a lei – sob pena do desentendimento, do caos e do acidente. Não se pode mais aplicar as normas hierárquicas do recato, da deferência e da obediência, que reconheciam mais as pessoas do que os veículos. Agora, numa grande cidade, com uma multidão de veículos circulando simultaneamente, a necessidade de obediência a uma igualdade básica, sem a qual esse trânsito é detido e seus usuários são acidentados, é algo absolutamente fundamental. Como diz o professor John Urry, no ensaio "Inhabiting the Car"[14], "Dirigir requer 'públicos' fundados em confiança, nos quais estranhos mútuos são capazes de seguir regras compartilhadas, tais como a comunicação por meio de conjuntos de sinais visuais e auditivos e interagir até mesmo por meio de contato visual, num tipo de espaço vazio ou não lugar à disposição de todos os 'cidadãos na estrada' [*on the road*]". Para o estudioso brasileiro do carro e do trânsito, tais descobertas devem ser postas em quarentena porque, em muitos países, a comunicação visual – que Urry toma com um ar de surpresa – é um dado fundamental do sistema; o mesmo pode ser dito em relação à ideia do *não lugar*, expressão obviamente sinônima de espaço público, no qual está ausente a figura de um proprietário personalizado. Quanto à noção de que todos são *cidadãos na estrada*, penso em nações como Índia, China, Peru e Brasil, para ficarmos com um mínimo de exemplos. Nesses países, o próprio veículo é signo de uma cidadania diferenciada, um modo de ser e estar não mais individualizado, mas também relacional ou hierarquizado, o que produz procedimentos e atitudes na estrada ou na rua, de acordo não com normas universais, mas com o preço, a marca e o condutor do veículo. Ou seja, todos esses presunçosos enunciados universalistas (e portanto *teóricos*) têm que ser reavaliados (como fazemos neste ensaio), pois, dependendo de quem está no veículo, as categorias locais simplesmente subvertem os esquemas de *lealdade* ou *confiança* – a tal *trust* das mais ingênuas teorias da democracia, que não é, obviamente, constituída desses sentimentos, mas é, isso sim!, responsável por eles. Tais diferenciações, que nada mais são do que reações locais a normas e práticas que chegaram com o automóvel e o transporte motorizado, já chamavam atenção em 1983, quando, em 18 de agosto, *O Estado de S. Paulo* publicava uma nota – significativamente intitulada "Trânsito, moléstia no Terceiro Mundo" – referindo-se a conclusões de uma respeitabilíssima "Comissão Sueca de Desenvolvimento Internacional", que arrolava o trânsito, ao lado de enfermidades como a varíola, a febre tifoide e o impaludismo, como fator de morte no então chamado Terceiro Mundo. Assim, em Surajaba, Indonésia, somente 0,2% dos motoristas parava em sinais, ao passo que em Londres a taxa era de 40%!, índice revelador da deficiência, como indica o relatório, de instrução dos motoristas nos países de Terceiro Mundo.

No Brasil, retomamos o uso das cadeirinhas carregadas por escravos *quando* abrimos os braços para o transporte individual. Foi assim que nos tornamos modernos e parecidos com os europeus e americanos e permanecemos fiéis ao nosso gosto por um espaço público construído hierarquicamente. Fizemos, então, a ginástica de adotar os "carros", mas, em compensação, não ensinamos os condutores a internalizar um sistema de normas para consigo próprios, para com seus veículos e, acima de tudo, para com seus companheiros de movimento: os que estão em sua volta como motoristas condutores ou pedestres. Esse sistema, como veremos reiteradamente neste ensaio, deve ser fundado na igualdade de todos perante as leis que regem a sociabilidade baseada no espaço e na territorialidade urbana aberta e sem dono personificado.

Temos, como resultado, uma sociedade formalmente aberta ao movimento e à velocidade dos cruzamentos e das temporalidades urbanas (espacialmente marcadas pela ocupação fugaz e individualizada), que continua pesadamente enredada por relações sociais que distinguem seus ocupantes muito mais como negros e brancos, velhos e jovens, homens e mulheres, ricos e pobres, pessoas comuns e autoridades do que como bons ou maus motoristas e pedestres, o que faz com que os espaços sejam recorrentemente reformulados, neutralizados ou ignorados. Trata-se de uma modernidade que, embora tenha uma organização territorializada, não consegue viver de forma integral a espacialização forçosamente criadora de fronteiras e suas dicotomias. No trânsito, elas aparecem como *seguir ou parar* – essa lógica digitalizada e igualitária que caracteriza o espaço público na cidade moderna, capitalista e ocidental. E que, como sabemos, é rotineiramente rejeitada por um comportamento baseado no mais ou menos e na gradação do quem é quem e do "você sabe com quem está falando?".

No plano da dinâmica social rotineira, a modernidade engendrou o carnaval, o jeitinho, a malandragem, uma ideologia de interdependência entre classes sociais, a dança da garrafa e a pequena e, antigamente, doce criminalidade, sempre entendida como reflexo da opressão. Hoje essa modernidade engendra milhares de mortos e centenas de processos penais e cívicos, além de um sentimento generalizado de insegurança e vergonha.

Notas

1 Cerca de 40 mil pessoas morrem no Brasil vítimas de acidentes de trânsito a cada ano. Esse é o reiterado e terrível número padrão que alarma e, ao mesmo tempo – apesar da sucessão de tantos governos –, paralisa pela relativa indiferença com a qual a questão do trânsito é tratada no país. Veja-se, entre outros – http://blogciclourbano.blogspot.com/2007/10/nmero-de-mortes-em-acidentes-de-trnsito.html.
2 O nome é mais do que significativo, pois denota *relâmpago*, algo que ocorre inesperadamente, pegando a todos de surpresa – o que, em nossa cultura, é visto como ofensa e covardia.
3 In: *Revista dos Transportes Públicos*, ANTP, nº 31, março de 1986.
4 Como um *fato social total*, ou seja, "de perto, tudo conduz a tudo e a dimensões impensadas e ocultas". Assim afirma Marcel Mauss em *Sociologia e antropologia* (tradução de Paulo Neves, São Paulo: Cosac & Naify, 2003) quando descobre que os eventos sociais têm múltiplas dimensões e, assim, muitos modos de serem percebidos (e interpretados)

nos vários sistemas ou subsistemas aos quais pertencem, atingem ou em que repercutem. Essa, aliás, é a perspectiva que orientou este ensaio, razão pela qual não entramos na problemática pioneiramente discutida por Mary Douglas e Aaron Wildavsky em seu *Risk and Culture* (Berkeley e Los Angeles: University of California Press, 1983), pois falar sobre o risco é equivalente a aproximar-se dos limites do bom-senso de qualquer sistema, procurando compreender como seus membros explicam ou legitimam a eventual aproximação de suas margens, como fazem no Brasil pedestres que cruzam ruas movimentadas com o sinal fechado para eles. Chega-se, assim, no campo da sociologia, ao que dizia o filósofo alemão Arthur Schopenhauer quando remarcava que a tarefa do escritor de romances não é narrar grandes acontecimentos, mas tornar interessantes os pequenos. Desse modo se constitui a tarefa do antropólogo, que, diferentemente dos economistas, sociólogos e cientistas políticos, fala de coisas rotineiras, pouco estudadas e desconhecidas, transformando-as em fatos humanos relevantes ou nelas descobrindo algum relevo. É o que tentamos realizar aqui, observando as implicações do comportamento do brasileiro no trânsito e para além dele.

5 Veja-se, respetivamente, Henri Bergson, *As duas fontes da moral e da religião*, tradução de Nathaniel Caixiro. Rio de Janeiro: Zahar Editores, 1978 (1ª edição 1932); confira Evans-Pritchard, Witchcraft, *Oracles and Magic among the Azande*. Oxford: Claredpn Press, 1937; e Émile Durkheim, *As formas elementares da vida religiosa: O sistema totêmico da Austrália*. Tradução de Paulo Neves. São Paulo: Martins Fontes, 2009. Veja-se também, a propósito da relação entre infortúnios e moralidade, uma carta que escrevi à revista *Man: Journal of the Royal Anthropological Institute*, vol. 4, nº 3, 1969, na qual demonstro a similaridade espantosa dos argumentos de Bergson e de Evans-Pritchard.

6 Analisar ou explicar é um tipo de exame que parte do postulado segundo o qual existe, como diz Louis Dumont, uma separação absoluta entre sujeito e objeto, onde os elos entre indivíduos e objetos são mais importantes que as relações dos indivíduos entre si. Isso ocorre graças à separação entre matéria de fato (ou fatos) e de valor (ou valores) – que não são vistos como misturados. Somos também guiados pela *démarche* segundo a qual tudo teria uma causa exclusiva e determinante, geralmente situada num plano invisível e inferior. O problema é que a espessura fenomênica dos infortúnios demanda não apenas as causas próximas (os fatos), mas as distantes: o *por que aconteceu comigo* ou

com o meu filho. Elas exigem procedimentos interpretativos e forçosamente trazem à tona contextos, situações e relações, obrigando a combinar a postura reducionista com uma outra, onde crenças (ou valores) e suas relações têm que ser levados a sério. Uma sonata de Chopin não pode ser compreendida por sua redução a um mero conjunto de notas musicais, pois o que nela importa é uma singularidade e uma realização vivida em sua totalidade: o modo pelo qual o compositor reuniu notas, harmonias, compassos etc. para engendrar um todo que somente existe quando realizado ou *tocado* por um músico. O mesmo ocorre em certos acidentes aéreos ou automobilísticos. O leitor interessado nessa importante distinção entre o *explicar* e o *interpretar* deve consultar o pequeno e luminoso livro de Claude Lévi-Strauss, *Mito e significado* (Lisboa/São Paulo: Edições 70/Martins Fontes, 1981); e a obra de Louis Dumont, sobretudo o livro *O individualismo: uma perspectiva antropológica da ideologia moderna*, Rio de Janeiro: Rocco, 1985.

7 As teses de mestrado de Maria da Conceição Gomes Gonçalves – *Na contramão da vida: a violência no trânsito na região metropolitana do Recife*. Centro de Filosofia e Ciências Humanas, Universidade Federal de Pernambuco, 1999 – e de Fernando César Vasconcelos – *Trânsito, ritmos desiguais e violência no asfalto*. Instituto Universitário de Pesquisas do Rio de Janeiro, 2003 – demonstram bem esse ponto se atentarmos para o número de referências a material jornalístico denunciando o tema. Elas formam, ao lado de obras consagradas como as de Eduardo A. Vasconcelos (*O que é o trânsito?* São Paulo: Brasiliense, Coleção Primeiros Passos, 162, 1985), Neuza Corassa (*Síndrome do caracol, seu carro: sua casa sobre rodas*. Curitiba: Editora Juruá, 2006) e de Eduardo Biavati e Heloisa Martins (*Rota de colisão: a cidade, o trânsito e você*. São Paulo: Barlendis & Vartecchia Editores, 2007), uma prova de como o trânsito se transformou num problema crucial do Brasil moderno sem, entretanto, ser devidamente politizado, como estamos buscando realizar e entender neste trabalho.

8 Ewbank, Thomas. *A vida no Brasil; ou Diário de uma visita à terra do cacaueiro e das palmeiras*. Belo Horizonte/São Paulo: Editora Itatiaia/Edusp, 1976.

9 Idem, pp. 77 e 78.

10 Citado em http://www.jangadabrasil.com.br/fevereiro18/al18020.htm.

11 Como atesta a dissertação de mestrado de Vânia Martins dos Santos, *Impunidade ou desigualdade* (apresentada no Instituto Universitário de Pesquisas do Rio de Janeiro: Rio de Janeiro, 1965), desde os anos

1960 há uma boa discussão sobre a ausência de políticas públicas de transporte no caso do Brasil e do Rio de Janeiro – que, de uma outra perspectiva, confirma esse resumo.

12 Para uma investigação abrangente das transformações que afetaram tanto o cenário urbano quanto o planeta, o melhor estudo que li foi o clássico de James J. Flink, *The Car Culture* (Cambridge, Massachusetts: MIT Press, 1975). Neste volume, discute-se minuciosamente a drástica passagem das carroças e carruagens para o automóvel nas grandes cidades americanas, que primeiramente sentiram seus efeitos e suas complicações. Ou seja: aquilo que chega com as máquinas a gasolina, engendrando novos limiares de consciência e problemas, inclusive uma alarmante e mortal poluição, essa ponta de lança do chamado "desastre ecológico".

13 Tomei consciência do *carro* como símbolo de poder e prestígio nos anos 1950, na cidade de Juiz de Fora e, posteriormente, em Niterói e no Rio de Janeiro quando, aos 17 anos, pilotava – não sem justa soberba ou *máscara*, como se dizia na época – um gigantesco Chrysler modelo 1948, azul-escuro, que papai havia comprado de segunda mão e que enguiçava a cada momento. Eram tempos em que, dizia-se, um rapaz conquistava uma moça se usasse um lenço encharcado de gasolina ao dançar com ela. Naquela época, nós, meninos da elite local, distinguíamos, pelos automóveis, todas as pessoas importantes que frequentavam o Clube Juiz de Fora, o Sport e o Círculo Militar. Sabíamos a marca e o ano do carro do pai do Naninho, do Mauricio Macedo, do Mario Assis e de todos os outros companheiros da nossa turma. Estou seguro de que tal procedimento era comum também no Rio de Janeiro por volta dos anos 1940 ou 1950. Era o caso dos carros dos jogadores de futebol de grande sucesso que denunciavam seus donos. Por falar em personificação, é meu palpite que os dísticos bem ou mal-humorados inscritos nos para-choques dos caminhões que circulam pelas estradas nacionais apontam para essa questão. Eles personalizam o veículo e seu dono, tirando-o do anonimato e da *im*pessoalidade do sistema de trânsito das rodovias, obrigando quem está prestes a ultrapassá-los a reconhecer seu lado humano e singular através de uma frase de espírito ou de alguma citação do senso comum que constitui sabedoria num mundo de iguais e, consequentemente, de múltiplas opiniões.

14 Cf. http://www.lancs.ac.uk/fass/sociology/papers/urry-inhabiting-the-car.pdf

2. Raízes da desobediência

A ausência e, mais que isso, a resistência à criminalização dos acidentes de trânsito, cobrando a devida responsabilidade de condutores e usuários, só agora começa a querer ser contemplada. Do mesmo modo, tem sido somente de modo reacionário que começamos a enxergar o erro da adoção de um sistema de transporte maciçamente individualizado. Estilo, conforme já acentuamos, denunciador e em plena harmonia com a aura aristocrática que até hoje estrutura aberta ou sutilmente nossa vida social e legitima o comportamento excepcional esperado dos superiores – pessoas com biografia e fora do comum, que dispensam as regras; que evitam contato com desconhecidos e/ou inferiores; que chegam atrasadas em todos os eventos; que podem falar barbaridades e saem logo que um encontro que acabaram de inaugurar tem início.

A questão do comportamento no trânsito tem muitas facetas, mas vale mencionar que este trabalho esclarece e explicita um de seus pontos capitais, a saber: a imensa dificuldade de obedecer às leis, de seguir as normas mais banais e comezinhas destinadas ao gerenciamento do movimento de veículos e indivíduos nas vias públicas.

UMA MODERNIDADE SEM PROIBIÇÕES

Sobre a dificuldade em obedecer às leis, vale contar uma anedota reveladora, ouvida nos Estados Unidos, onde todos se pensam como fiéis e felizes seguidores voluntários das leis: Num bote à deriva, náufragos em desespero calculavam suas chances de sobrevivência quando dois deles, os mais cínicos, decidem fazer uma aposta bizarra. "Quer ver como eu faço com que todos se atirem no mar?", disse um deles, lançando um olhar de desafio ao companheiro. "Fechado", respondeu o amigo, "quero ver quem, nesta situação, vai trocar a segurança do barco pelo mar aberto". O proponente foi até o grupo e disse a um inglês: "As tradições da marinha inglesa demandam que você se atire ao mar. É uma questão de honra e valor; afinal, 'Britannia rules the waves'", solfejou. O inglês ficou de pé, fez continência, e imediatamente atirou-se ao mar. Em seguida, o apostador falou para um russo: "Em nome da Revolução, você deve se sacrificar pelo coletivo. Abandonando o barco, você faz um ato altruístico e revolucionário, deixando mais água e comida para os mais egoístas e fracos." Ao cabo de alguns minutos, o comunista pulou do bote. Restavam três pessoas. Diante do americano, ele foi direto: "Se você sair do bote, sua família recebe um seguro de dois milhões de dólares!" O americano disse "Yeah" e atirou-se na água. Triunfante, o apostador comentou: "Eu não disse que fazia com que pulassem?" O amigo respondeu: "Sim, mas ainda faltam dois e, olha, eles são brasileiros, não há como apelar." "Esses são fáceis", retrucou o apostador, dirigindo-se aos dois brasileiros que se consolavam mutuamente cantando "é doce morrer no mar". "Amigos", disse, "vocês sabiam que existe uma lei que proíbe pular na água?" Mal o apostador havia terminado a frase, os dois brasileiros já estavam, rindo, em plena água.

Não existe motorista (nem cidadão-pedestre brasileiro) que não tenha ficado raivoso, impaciente, irritado ou que até mesmo tenha entrado em surto neurótico com o automóvel da frente, detrás ou do lado, tomando-o como um adversário, jamais como um parceiro; que não tenha deliberadamente ultrapassado com alto risco um sinal, em nome de alguma tarefa urgente ou superior; que não tenha demorado para sair de uma vaga com a intenção de perturbar ou *sacanear*, como falamos coloquialmente, *aquele carinha* – o outro motorista que, impaciente, espera por sua vez; e que não tenha, como um bárbaro assassino em potencial, indignado e ofendido, enfiando o pé na tábua ao ver um pedestre aflito deslocando-se alguns metros à sua frente. A menos que um contato visual, acompanhado de um gesto adequado, indicativos de deferência ou reconhecimento pessoal, atenue essas atitudes tradicionais e esperadas de hostilidade e distanciamento, a alteridade negativa predomina em todos os tipos de interação social realizados em ambientes marcados pelo anonimato e pela impessoalidade na sociedade brasileira. Em outras palavras, o motorista ao lado é um inimigo – um *outro absoluto* – até que ele ou nós façamos um gesto que nos permita reconhecê-lo e transformá-lo numa *pessoa*. Aí ele instantaneamente perde sua desumanidade, deixa de ser *imbecil* ou *panaca* sujeito a agressão, e passa a ser cocidadão digno de respeito e de consideração.

Tal atitude revela a tendência inconsciente ou implícita ao uso pessoal da rua e a uma concepção arraigada da mesma como sendo propriedade ora dos veículos, ora dos pedestres que tentam dela apropriar-se como podem. Isso tem uma longa e espessa história. Uma reportagem publicada no *Jornal do Brasil* (edição de 18 de setembro de 1986) e intitulada "Pedestre desafia o trânsito com impunidade" foca no combate da rua com o pedestre. Este que, com seu habitual descaso pelos sinais e demarcações destinados a gerenciar o fluxo de pessoas e veículos no Rio de Janeiro, contribui para o caos que tipifica o espaço público no Brasil. Na matéria, que sugere a punição do pedestre como um modo de *resolver* o trânsito, que deveria ser apenas dos veículos, um taxista diz o seguinte: "Eles abusam mesmo e há alguns que andam a passos lentos, te olhando na cara, em nítida provocação. Dá vontade – conclui o taxista – de jogar o carro em cima." É o que pode ser chamado de estilo aristocrático-fascista de dirigir, manifestado plenamente quando trafegam as autoridades em seus carros, precedidos de batedores e sirenes.

Observo, com veemência, que tal estilo tem elementos aristocráticos, certamente atualizados com maior intensidade no Rio de Janeiro e no Brasil, quando a corte portuguesa fugiu para nossa terra em 1808. O protocolo real obrigava os passantes a parar, apear do cavalo ou sair das carruagens para reverenciar a corte quando esta transitava pelas ruas, numa prova de respeito pela distância social e pela sacralidade que revestia figuras que eram a representação concreta da autoridade e do poder real. A confusão entre a rua aberta (ainda que torta e mal pavimentada, como recorrentemente observam os viajantes europeus que visitavam o Brasil) que pertence a todos, e uma outra, fechada e aristocrática, feita para poucos, ocorria quando por ela passavam membros da realeza. A utilização diferenciada de vias e de espaços públicos em geral é uma característica de sistemas arcaicos e hierarquizados. No caso do Brasil de Dom João VI, o uso das vias públicas pelos aristocratas marcava um momento especial, semelhante ao que vemos ainda hoje quando uma alta autoridade circula pela cidade. Tal protocolo arcaico, porém, que obrigava uma transformação radical do comportamento de todos os comuns, foi causador de sérios incidentes. O mais celebre deles envolveu dona Carlota Joaquina, ao qual voltaremos adiante.

Retomando, entretanto, a opinião do taxista, importa não apenas constatar, mas compreender por que o cocidadão, quando motorista, se transforma num *barbeiro*, incompetente, inferior e desclassificado; e o pedestre, num obstáculo, cidadão de segunda classe e imbecil. É justamente a atitude de se recusar a obedecer e, pior que isso, de simplesmente aceitar o uso comum das vias coletivas e os sinais que valem para todos que é preciso, acima de tudo, reconhecer.

Nesta perspectiva, é curioso observar que, no Brasil, o termo *barbeiro* é usado para se referir a quem dirige mal um veículo motorizado e é também aplicado, como bem acentua o *Dicionário Aurélio*, a quem demonstra imperícia em qualquer profissão. De onde vem esse elo entre a *barbeiragem* e a imperícia? Dou dois motivos. Primeiro, porque o barbeiro opera num alto nível de proximidade física. Tal como o médico, o dentista, o massagista, o *personal trainer* e o antigo alfaiate, ele age muito próximo ao corpo e no próprio corpo do seu cliente, invadindo intimidades e espaços recônditos e tabus. Ora, isso faz um enorme contraste com o *sistema* que preza o impessoal e o veloz, o que é realizado ou obtido sem dor e ao toque de um botão, através, por exemplo, do caixa automático. Num sistema que dispensa pessoas e promete substituir o contato humano e profundo, eis que surgem esses paradoxais profissionais da intimidade pelo corpo (e não pela alma, como os psicanalistas). Eles tocam, abrem, medem, cortam, costuram, apertam e batem no corpo para consertá-lo ou torná-lo apto a alguma tarefa. Em nosso sistema, esse corpo encarna o indivíduo e não pode ser impunemente dividido, parcelado, transformado ou violado.

Eis, entretanto, que o barbeiro é justamente aquele sujeito que mexe com a *cara* de um sujeito, com seu rosto e cabelos, símbolos de força, potência ou castração periódica, legitimamente realizada justamente por esse profissional. É, pois, o barbeiro quem diz qual o melhor corte ou talho, cor ou tamanho e quem toca e retoca, quando corta e barbeia o rosto e a cabeça, o queixo e a nuca do *homem* – esses lugares no qual *vagabundo nenhum põe a mão*, exceto, é claro, a mãe, o médico ou a mulher amada. O segundo motivo, sem dúvida mais básico, é que todas as profissões do corpo trazem consequências profundas quando se comete um erro. Um professor pode dar uma aula errada e um político esquecer suas promessas, mas um médico – como um barbeiro – não pode errar. Ou melhor: seu erro custa mais a ser reparado, tem consequências – como acontece, entre outros, com os toureiros, os trapezistas, os batedores de pênalti, os goleiros, os automobilistas e os jogadores de carta ou roleta profissionais. E, como me ensinou Erving Goffman, é nas profissões onde existem perigo e risco, mas que são voluntariamente assumidas, que está a excitação, o charme, o interesse, em inglês, *the action*[1]. Aqui, como nota a sagacidade popular, dá-se ênfase ao risco da imperícia, que dura algum tempo para ser devidamente reparada. E o reparo é equivalente, como ocorreu no caso de Sansão com Dalila, ao crescimento do cabelo, algo que independe da vontade ou do desejo consciente, mas do corpo como uma entidade biológica, fora do controle racional.

Antes, então, de se falar em *engenharia* e *psicologia* do trânsito, era necessário ouvir e levar a sério o que os condutores de veículos e pedestres tinham a dizer sobre seu comportamento quando participavam deste espaço. Também era necessário compreender o que ocorria em suas personalidades quando estavam investidos dos papéis de condutores e pedestres. Como é que um Zé da Silva, um sujeito pacífico, pacato, religioso e incapaz de matar uma mosca, como naquele famoso desenho do Pateta, se transformava num automobilista agressivo e cruel, passando em seguida a ser um criminoso em potencial?[2] Como é que a Marlene, feminista e ativista pró-direitos humanos, democrata abnegada e, além de tudo, mãe de família e dedicada esposa, virava uma malandraça sem escrúpulos ao disputar com outros condutores a vaga na porta da escola dos filhos? O que faz o cidadão mediano entender que o pedestre a atravessar a rua à sua frente está cometendo um abuso ou uma ofensa contra sua pessoa e merece ser punido? O que leva esse motorista a enterrar furiosamente o pé no acelerador e suspender sua fé em Deus?

Se descobríssemos esses motivos, poderíamos chegar a um conjunto de sugestões eventualmente normativas e disciplinadoras de maior alcance e profundidade, porque tais medidas ultrapassariam o nível das receitas (que chegam por meio da experiência de outros países) e do legalismo, que, como tenho indicado sistematicamente em minha obra, crê que todas as questões sociais podem ser resolvidas pela polícia ou pela lei – por meio de protocolos jurídicos, repressão policial e fórmulas legais, sem o concurso paralelo da conduta de todos os atores que atuam nesse espaço. Nessa perspectiva, a alternativa seria a *educação*, que igualmente sai do papel em fórmulas mágicas, ficando – esse é o ponto que passa despercebido – a cargo do Estado e do governo. A sociedade, com seus costumes e valores, seus cidadãos e sua ética, permanece inteiramente à parte, sem papel ou lugar. Imutável e imóvel em seus costumes, culpa – numa dialética autorreferenciada que previne a mudança – o Estado e o governo pelo que ela, obviamente, também não quer fazer. Temos o paradoxo do que chamei de *mudancismo*; ou seja:

o clamar por mudanças no Estado, para não mexer um milímetro nos costumes ou hábitos culturais estabelecidos.

Com isso em mente, desenhamos um projeto de investigação intimamente relacionado ao trabalho de interpretação do Brasil como sociedade e Estado nacional que tenho desenvolvido desde 1979, a partir da publicação de *Carnavais, malandros e heróis: para uma sociologia do dilema brasileiro*. Mais precisamente, testamos no trânsito a hipótese básica, definida naquela obra como o *dilema brasileiro*. A constante dúvida expressa na oposição não problematizada e apenas pressentida pela teoria sociológica brasileira tradicional, entre o campo da *rua* e da esfera pública, com seus pressupostos igualitários e suas expectativas republicanas, individualistas e competitivas que a todos coagem; e a esfera da *casa*, com suas estruturas hierárquicas, suas concepções imobilistas, seu viés racista e aristocrático. Em suas caracterizações, seres e coisas que ali estão são *pessoas* (entes e coisas dotados de alto valor simbólico), jamais *indivíduos*, como ocorre na esfera que lhe é complementar. Deste modo, as teorias e hipóteses aqui apresentadas são elaborações realizadas no campo mais visível e dramático da esfera pública: a *rua*, no sentido mais literal a ela atribuído – no caso da sociedade e da ideologia brasileiras, de conjeturas interpretativas já erguidas em outros ensaios e pesquisas. Neste livro elas são investigadas tendo como centro o ato de transitar pelas vias públicas como condutor ou pedestre.

ENTRE MORADIAS E PASSAGENS

No espaço da casa, todos os seres, inclusive objetos, animais e alimentos, adquirem o estatuto de *pessoas*, sendo englobados por alguma quota da sombra social do grupo. Um saco de arroz roubado de uma loja é reportado como uma mercadoria; mas, se for de uma casa, é reportado como roubo de *comida*. O cão do senador tem mais direitos do que o do cidadão anônimo. Saber de quem é o relógio Rolex faz com que os policiais trabalhem com mais afinco e eventualmente o devolvam ao seu dono, tal como ocorreu com um ministro do Supremo. Como digo reiteradamente, o conceito de *pessoa* é qualificado pelo seu pertencimento a um feixe vivo de relações sociais. A pessoa vai sempre além de si mesma. Ela projeta uma *sombra* nos espaços onde atua (ou *anda*, como falamos no Brasil), cobrindo de prestígio ou iniquidade outras pessoas que são por ela ressaltadas, escondidas, protegidas ou denunciadas. Pode também fazer indivíduos desgarrados tornarem-se *gente* ou *pessoa*. A *sombra social* é um sinal de relações sociais. No fundo, a *pessoa* jamais está só, pois é sempre (às vezes, a despeito de si mesma) um conjunto de elos sociais ou de um grupo. Ao entrar numa casa, um objeto passa automaticamente a ser algo daquela casa, integrando-se ao seu espaço interno, íntimo, podendo ser manipulado pelas pessoas que pertencem a esse espaço, ligando-se a eventos significativos que ali aconteceram. Uma pintura, um jogo de porcelana, copos de cristal ou talheres podem ser os marcadores de tempo de uma residência, tal como um automóvel serve para delimitar e situar mudanças de posição social. Todos os objetos da casa recebem, por assim dizer, um *batismo* e tornam-se, é óbvio, *coisas sociais*, mais do que os objetos da *rua*, que, sendo de todos, não são de ninguém e podem ser manipulados à vontade (e inclusive, como sabemos bem, roubados) por quem os administra.

Fora da casa

Fé em Deus e pé na tábua investiga uma dimensão fundamental da vida moderna, tal como essa modernidade se realiza no Brasil. Refiro-me ao que circunda e acompanha a mobilidade típica da vida contemporânea. O ato crítico e, entre nós, sempre dramático e repleto de consciência, de *sair de casa* ou *ir e estar na rua*. Em contraste com o Brasil escravista e aristocrático, esse andar, deambular, caminhar e passear na rua configura um conjunto de ações intimamente ligadas ao mais direto e pleno exercício da autonomia, da igualdade e, até mesmo, da própria individualidade nos espaços abertos, com os riscos que isso implica. Espaços abertos são comuns a todos, e neles certos gestos, roupas e atitudes são requeridos à multidão que rotineiramente transita dentro e fora de veículos quando *sai* de suas casas.

No plano social, esse *sair de casa*, esse *estar fora de casa* tem como centro o desligamento momentâneo da família e dos papéis sociais primordiais de parentesco, vizinhança, classe e, às vezes, religiosos e profissionais, fazendo com que o sujeito, agora individualizado, invista-se do papel social universal de *cidadão*[3]. Não é, pois, por mero acaso que, no Brasil, acentuamos que todo espaço relativamente aberto ou público (praia, praça, ruas, travessas, avenidas, shoppings, cinemas, calçadas, salões, bancos, restaurantes etc.) está sujeito à dinâmica do *movimento*. Um fervilhar incessante de indivíduos (mas não de *pessoas* ou seres realmente humanos) relativamente anônimos entre si, quase sempre reunidos apenas pelo espaço que os engloba. Esse desconhecimento mútuo, esse não saber *quem é*, sustenta uma inumanidade do cocidadão como um outro absoluto que o domínio do trânsito e a vida nos grandes centros urbanos brasileiros tornam cada vez mais trágica e intolerável. *Sair pra rua* ainda é, no Brasil, um ato dramático. Trata-se de passar de uma teia bem urdida de laços sociais onde todos se conhecem para um espaço aberto e, pior que isso, igualitário, onde ninguém é de ninguém e só Deus (pois não há normalmente governo) cuida de todos. Se em muitos países a rua é o meio para um fim, no Brasil ela é também o lugar onde se experimenta de modo dramático duas dimensões negativas da vida coletiva: uma igualdade radical que é banida da vida doméstica e um anonimato que sinaliza extremo estranhamento e ausência de humanidade. Tal contraste, com suas bem estabelecidas expectativas de comportamento, marca uma oposição que até bem pouco tempo era de tipo complementar. Em casa somos alguém; na rua, corremos o risco de sermos ninguém. Daí sua caracterização implícita como lugar perigoso e ambíguo, marcado por riscos e por um movimento que perturba, desequilibra e conduz à desconfiança e à agressividade, mas que é, paradoxalmente, o centro da curiosidade, o espaço que, como diz João do Rio, tem uma alma. A rua, por ser o inverso da casa (ignorada pelo autor, mas ainda assim jazendo implícita em seu texto), engendra surpresas, anomalias, igualdade e poesia. A própria *vida* (no sentido forte do termo) ocorre, com seu famoso sal, na rua. Não é, pois, por acaso, que o *trânsito* seja tão problemático.

De fato, o que o credo social brasileiro salienta nesta *rua*, hoje adjetivada pela palavra *trânsito* e por sua significativa expectativa de *violência*, excitação e perigo, é um extraordinário dinamismo[4]. Uma enorme capacidade de promover situações imprevisíveis, ao lado do automatismo constrangedor das faixas e dos sinais que valem para todos e fazem sumir as prerrogativas que temos em casa, onde somos singularizados em milhares de pequenos gestos que sistematicamente nos distinguem uns dos outros[5]. Se somarmos a tudo isso uma incômoda obscuridade (ou invisibilidade) social, diretamente ligada a uma enervante ausência de etiquetas, símbolos ou sinais capazes de mostrar ou revelar, como ocorria antigamente, a todos e a cada um, quem é quem, temos uma boa, ainda que sucinta, caracterização deste mundo do trânsito. Desse espaço crítico – e obviamente central para uma sociedade liberal e democrática – que é a rua, no caso do Brasil contemporâneo.

Essa sensação de incongruência entre pessoa e espaço (íntimo ou público) foi percebida por muitos observadores da vida social brasileira. Como não notar as eventuais discrepâncias numa sociedade que desde sua origem, no século XVI, até o final do século XIX, singularizou-se por combinar aristocracia, realeza, capitalismo e escravismo e só em 1889 tornou-se formalmente republicana? Não há brasileiro que não seja capaz de perceber a denunciadora *falta de jeito* de um *pobre* ou de um *roceiro*, como se diz coloquialmente, numa loja ou num restaurante de luxo que mal os vê e atende. Os suburbanos nas praias da zona sul do Rio de Janeiro, chamados pejorativamente de *farofeiros, mocorongos* ou de *índios*, como eram tratados em Icaraí, Niterói, denunciavam-se pelo seu comportamento ao lidar com o mar, com as ondas e com a areia. Do mesmo modo, os ex-escravos e os emigrantes pobres não sabiam como *comportar-se* nos novos espaços públicos do Rio de Janeiro, como o Passeio Público, a rua do Ouvidor (que era um pedacinho de Paris perdido no Rio escravocrata e onde só se podia andar calçado) ou uma Avenida Central recém-inaugurada. A incongruência denunciava a convivência entre espaços urbanos tendentes à igualdade e os elos sociais hierárquicos (como segregar a rua em uma sociedade que não vivia sem a interdependência entre senhores e escravos e os patrões não carregavam embrulhos?). Mesmo com o fim da escravidão, persiste essa aguda consciência de lugar e de posicionamento social. Quem se pensa como sendo socialmente inferior sente-se, em certos lugares, como um transgressor. O terror de ouvir *isso não é lugar para gente da sua laia, raça ou posição social!* corresponde à conjunção moderna de ter o direito de ir aonde quiser mas, não obstante, continuar preso a posições socialmente vistas como subordinadas. No trânsito, isso ocorre com a acusação instantânea de uma buzinada forte e agressiva que denuncia o *barbeiro* – em geral um idoso, uma mulher ou um motorista do interior, mal acostumado ao trânsito eletrizante, agressivo e visto como *apropriado* para a grande cidade e aos que *entendem* essa dinâmica.

Em relação à antiguidade dessa percepção das *coisas fora do lugar*, típica dos processos aculturativos que, sem pedir licença aos sociólogos, combinam coisas, grupos e pessoas de lugares diversos, vale relembrar a opinião sensível e reveladora de um Olavo Bilac sobre a Festa da Penha em artigo escrito para a edição número três da *Revista Kosmos*, em outubro de 1906. Bilac é citado no artigo de Rachel Soheit, "Um ensaio sobre resistência e circularidade cultural: a Festa da Penha (1890-1920)"[6]. Ao ver os portugueses e seus descendentes desfilando para a festa, Bilac classifica o ritual como um "espetáculo de desvairada e bruta desordem que seria compreensível no velho Rio de Janeiro de ruas tortas, de betesgas [ruas estreitas], de becos sórdidos", mas – continua ele – "no Rio de Janeiro de hoje, o espetáculo choca e revolta como um disparate" ou coisa fora do lugar. Como argumenta Bilac, na linha de todo bom reacionarismo modernizante que até hoje está bem vivo no país, "naquele amplo boulevard esplêndido [a Avenida Central recém-inaugurada], sobre o asfalto polido, entre as fachadas ricas dos prédios altos, entre as carruagens e automóveis que desfilavam, o encontro do velho veículo (carros, carroções enfeitados com colchas de chita, puxados por muares ajezeados de festões) em que os devotos bêbedos urravam, me deu a impressão de um monstruoso anacronismo: era a ressurreição da barbaria, era a idade selvagem que voltava como uma alma do outro mundo, vindo perturbar e envergonhar a vida da idade civilizada"⁷. É claro que Bilac gostaria de suprimir a festa como algo deslocado e descolado de um ambiente urbano moderno que deveria estar livre (ou limpo) de resíduos tradicionais que denunciavam e traziam à tona os porões do sistema, como ocorria também, como mostra meu trabalho, no carnaval. Toda importação é complicada não apenas pelo que implica – quase sempre ela é lida como positiva e vista pelo prisma do progresso, do avanço e da civilização –, mas pelo modo com que se instala. Em sociedade, não há espaços vazios de condutas, valores, ideias e atitudes. Deste modo, o novo sofre sempre, e em toda a parte, as pinceladas locais.

Num sentido muito preciso, na rua não vemos sentimentos ou nos sensibilizamos com rostos e atitudes, mas enxergamos simplesmente posições sociais: formas corporais, feiuras ou belezas, roupas e signos profissionais ou de posicionamento social. Como Jean-Baptiste Debret e outros, não pintamos singularidades que levam à pessoa e às relações, mas posições sociais, categorias profissionais que até hoje demandam – eis o espanto e a descoberta da pesquisa! – atitudes agressivas, corretivas e punitivas, como buzinadas ou aceleração do veículo que dirigimos contra aquele *sujeito* mal-educado ou estúpido.

Quando, portanto, falamos em *ir para a rua*, estamos nos referindo implicitamente a um espaço onde as dimensões apontadas estão presentes. Há o movimento, a imprevisibilidade, o anonimato e a invisibilidade, mas, em compensação, vivenciamos um lado mais individualizado (e mais livre) de nossa subjetividade. Somos, ao mesmo tempo e ao contrário da visão que temos da liberdade, *obrigados* a verificar que tê-la não é sinônimo de poder fazer o que se quer, mas, muito pelo contrário, ser obrigado a prestar obediência a sinais e a normas impessoais – sem o que se corre sério risco de vida. Neste sentido, a rua (como um espaço público baseado na igualdade e na liberdade do velho *flâneur*) é uma configuração complexa em certas sociedades, pois acentua tanto uma indefinível e perturbadora individualidade, marcada por uma inigualável experiência de igualdade – uma vivência repleta de autonomia e de escolhas –, quanto um mundo surpreendentemente balizado por sinais aos quais se deve uma assustadora obediência compulsória e automática.

A dialética entre hierarquias e igualdades compulsórias na casa e na rua resulta num conjunto de decisões individuais, sem dúvida, mas que, em cada sistema, segue direções ou modelagens passíveis de um relacionamento estrutural. No caso do Brasil, as movimentações individuais seguem sempre e previsivelmente na direção de ignorar ou ultrapassar a regra em nome de alguma singularidade, contexto ou circunstância pessoal. Tal subordinação ou englobamento das normas cívicas por alguma motivação pessoal leva a perceber esse espaço como a mais perfeita encarnação de *caos, inferno, bagunça* e *violência*.

Conduz, como a pesquisa confirma à exaustão, um conjunto de imagens da rua, lida como uma terra de ninguém. Se a casa se funda numa serenidade reparadora, mas em laços sociais perpétuos, determinantes de obrigações morais imperativas e numa paulificante ausência de *movimento* (nada, de fato, ocorre em casa!), a rua contém os ingredientes fundamentais daquilo que o vocabulário moderno e democrático chama de autonomia individual e de liberdade.

Convívio e espaço público

Um dos achados mais importantes desta pesquisa confirma um conjunto de crônicas-ensaio que produzi para o jornal *Folha de S. Paulo* entre 7 de setembro e 26 de outubro de 1985. Refiro-me à descoberta de como a movimentação igualitária no espaço público, embora desejada, é enervante, perturbadora e arriscada. Como o *sair de casa* para *a rua*, onde se entra em contato com desconhecidos paradoxalmente iguais perante a lei, é um movimento tido como a cada dia mais perigoso numa sociedade que até hoje não conseguiu equacionar anonimato, igualdade, respeito e civilidade pelo *outro*, o cocidadão que conosco compartilha desses espaços abertos, teoricamente sem patrões (ou donos), que constituem a chamada malha urbana e pública.

Acentuo, lembrando aos leitores não familiarizados com minha obra, que essa movimentação aberta, livre e igualitária, que constrói o universo da *rua* só pode fazer sentido sociológico quando posto em relação à tranquilidade ideal das coisas fechadas, protegidas e interiores, ligadas ao *entrar* e *fechar*, que fazem parte do *lar*, da *família*, e, mais profundamente, de um mundo de coisas fixas e sagradas, um tanto fora da História. Um domínio social que se faz e refaz por meio de rotinas lidas como familiares: o universo da *casa*.

QUESTÕES FAMILIARES

Casas (e *famílias*) são fundadas por meio da transformação de elos matrimoniais, de casamento ou de afinidade, em laços de *carne e sangue* quando ocorre a transformação crítica da afinidade (onde predomina a sexualidade baseada na escolha percebida como *livre*) em descendência ou, como falamos, *filiação*. Em vínculos paternais e, sobretudo, maternais, construídos pelas obrigações para com os filhos ou descendentes, sempre muito mais ligados à mãe do que ao pai. Não são eles fundados por escolhas e, obviamente, excluem a sexualidade. Acredita-se que tais elos transmitam feições físicas, traços de personalidade e tendências sociais e políticas, sendo assim pontos críticos na criação de identidades engendradas por predileções de comidas, modos de comer, preferências ao dormir e acordar, gestos, falas e até sonhos ou pesadelos. Os laços adquiridos na casa e da casa, exceto no caso do casal fundador, jamais devem ser renegados ou evitados. São, como ocorre em muitas sociedades tribais, perpétuos (e provavelmente eternos, pois o próprio Deus também tem pai e mãe como uma divindade encarnada.) Eles contrastam com as relações obtidas na vizinhança e na rua em geral, onde existe a faculdade da escolha e se pode dar livre curso a desejos e motivações que estão além (ou aquém) das chamadas *obrigações de família*.

Nossa investigação teve como objetivo descobrir as razões dos notórios ataques de nervos, traduzidos em rebeliões e agressões diante das normas de governabilidade de um espaço que é – como diz a cartilha republicana, mas não a prática personalista e aristocrática – de todos. Pois o que se observa nos comportamentos adotados na *rua* é que eles são o exato oposto daquilo que ocorre na *casa*, quando essas mesmas pessoas estão junto dos seus amigos, servidores e parentes. As reações negativas são constantes quando focamos o modo pelo qual pedestres e condutores de veículos confrontam-se e medem-se no trânsito, engendrando aquilo que todos chamam e classificam como incivilidade e *violência*. Uma *violência* assustadora, mas tolerada e até mesmo esperada, que aflora na forma de um número infinito de gestos grosseiros e numa epidemia de acidentes cujo fundo tem ligação direta com um estilo específico de construir, ocupar e usar o espaço público, seja como pedestre ou como condutor.

Como mostram os resultados aqui discutidos, esse comportamento está baseado numa atitude exageradamente autorreferida, que produz uma formidável (porque arriscada e destrutiva) marginalização (ou esquecimento) das regras de comportamento no trânsito, promovendo um conjunto de atitudes extremamente agressivas (com sua quota percebida como *má-educação* e imprudência crônicas) – típicas, aliás, do desempenho brasileiro nos espaços públicos. Um conjunto de condutas que, conforme sabemos, mas pouco estudamos, discutimos e politizamos, permeia o estilo de ocupar e utilizar lojas, restaurantes, calçadas, rodoviárias, estacionamentos, escolas, bancos, filas, quando estamos investidos nos papéis sociais de condutor, pedestre, consumidor e cidadão.

PRAIA, O ESPAÇO PÚBLICO POR EXCELÊNCIA

A praia talvez seja a exceção que confirmaria a regra, pois é um espaço público aberto, sem fronteiras, competitivo (o pedaço onde se fica pertence a quem dele se apropria em primeiro lugar) mas, no entanto, não comporta esse estilo de conduta agressiva, individualizante e autoritária. Talvez porque seja um espaço público sem *movimento*, isto é, um local onde se vai para relaxar, descansar e no qual fica-se literalmente parado, sem disputar espaços com os outros. Por isso merece um estudo aprofundado. Na praia, sem dúvida pelo fato de todos estarem *nus* – representados por seus corpos – e sem os emblemas agressivos mais usuais de classe, não vemos essa velocidade e irritabilidade que são a marca da *vida* (vida é, obviamente, o nome pelo qual chamamos o social em seu sentido sociológico de ser, um estilo de vida capaz de exercer coerção, determinar condutas e existir independentemente da vontade de seus membros), seja na *rua*, seja no *trânsito*. A praia, como se sabe, *mistura muito*, ou seja: está aberta tanto aos aristocratas que moram em seus bairros e com ela têm um elo de presumível propriedade (*a turma de Ipanema, menino de praia* etc.) e privilégio, quanto aos que eram chamados de *além-túnel* e que hoje são a massa dos *iguais* indesejáveis que a frequentam livre e igualitariamente, para horror do ranço aristocrático daqueles que se representavam como seus verdadeiros donos ou patrões.

Uma pesquisa de campo conduzida pelo antropólogo americano Daniel Touro Linger em São Luís do Maranhão investigou o conflito – a *briga* –, revelando como ele é fruto daquilo que o investigador chama de *confrontações anônimas* em espaços públicos igualitários, como paradas e pontos de ônibus ou praças e encontros como festas e bailes. Na linguagem local (que é generalizada no Brasil), as pessoas envolvidas *compram* briga ou confrontos. Ou seja, buscam relacionar-se de qualquer maneira, reagindo negativa e agressivamente tanto à igualdade como valor quanto a alguns dos seus concomitantes sociais: a competição disciplinada por normas, a espera e a capacidade de distinguir a ansiedade causada pelo conjunto de autocontroles psicológicos e emocionais requeridos pela modernidade e o *viver e deixar viver* que estruturam a vida social norte-americana[8]. Essa modernidade, ao contrário de uma péssima sociologia produzida em nome de sua compreensão, sabe muito bem que o individualismo moderno (teorizado e fundado por Hobbes, Locke e Adam Smith) só pode ser compreendido como uma forma social explícita, pois seu irmão gêmeo implícito é uma enorme consciência do coletivo e do outro como uma presença constante, seja ele visível ou não. Ou seja, a divisão *descoberta* por alguns teóricos entre uma consciência de si e uma outra, do mundo – consciência capaz de conduzir à conversão (como viram Santo

Agostinho e Durkheim com a ideia do *homo duplex*, baseada no egoísmo do corpo e no altruísmo da alma), à expulsão do sistema ou à culpa (como viram Taylor e outros) –, é uma condição necessária não apenas do mundo moderno, mas da própria vida social. Ocorre também no xamanismo, quando há uma acidental ou disciplinada, mas sempre perigosa, individualização, que permite transcender seres e regras e interagir com animais ou entidades sobrenaturais situadas fora deste mundo. O que acontece na modernidade é que a dimensão individualizante não fica fora do mundo nem é vista como perigosa. Passa a ser rotina, torna-se hegemônica, ao passo que permanece implícita e inibida em outros sistemas. Louis Dumont, inspirado em Max Weber, demonstrou como o renunciante indiano é um indivíduo sem individualismo, e eu segui essa trilha acrescentando que a liminaridade dos ritos de passagem, focalizada com tanto vigor e brilho por Victor Turner, era um modo de evitar, conter e controlar uma segmentação individual interna e externa de pleno direito. Veja-se meu ensaio "Individualidade e liminaridade: considerações sobre os ritos de passagem e a modernidade"[9].

Uma questão de fé

Este livro tem como alvo compreender a tradicional e significativa expressão: *Fé em Deus e pé na tábua*. Escrita nas carrocerias das carretas e cinzelada em nossos corações, essa fórmula configura (e, mais que isso, sintetiza) a crença na divindade que nos protege, e na qual confiamos cegamente, pois ela representa a totalidade do mundo e da vida aqui e no além. Ao mesmo tempo, evidencia o lado mais típico de nossa conduta pública, o familiar *pé na tábua* – sinalizador do desejo individual e do acelerador, que representa tanto a pressa (parte do mundo moderno) quanto a impaciência ao ter o caminho eventualmente obstruído por uma multidão de desconhecidos. Esses *outros* que não classificamos como iguais e que são sempre tomados como obstáculos ao nosso trajeto. Assim se revela uma visão de nós mesmos como seres especiais; como pessoas privilegiadas e dotadas de uma posição singular e, até prova em contrário, elevada e protegida no sistema por termos um elo íntimo com o Ser Supremo.

Na expressão *fé em Deus e pé na tábua* estabelecemos um elo entre a tradicional *fé em Deus*, esse Deus que é invocado a todo momento, fazendo parte – talvez porque seja mesmo brasileiro – de nossa vida diária como protetor, e a metáfora da ligeireza, do movimento (e da precipitação nele contida e esperada), o *pé na tabua* que nos conduz ao veículo motorizado e ao ambiente igualitário que o molda e serve de cenário. Supomos que a pressa e a velocidade legitimam o risco e são partes integrais da lógica e da estrutura desse ambiente, o que naturalmente o inclina a infortúnios e acidentes. Estruturada como uma verdade e uma exclamação, e não como uma interrogação, a frase configura um axioma e uma garantia. Ela diz que podemos *enfiar o pé na tábua* porque nossa fé em Deus nos protege do perigo. E mais que isso, que há mesmo uma outra vida a ser experimentada se o pé na tábua nos levar desta. Pois estou convencido de que a maioria esmagadora dos habitantes do Brasil acredita piamente num outro mundo e na sobrevivência da alma ou da sua consciência depois da morte, o que torna a propensão ao risco rotineira porque embasada neste conceito de que temos muitas vidas à nossa espera. Esta nossa existência é apenas uma, talvez a mais desgraçada, entre muitas outras.

Uma variante do velho lema é a seguinte: a nossa fé em Deus justifica os riscos de se dirigir com o pé na tabua – tal como ocorria com um motorista profissional que conheci pelos idos de 1960, que se benzia, invocando o nome de Nossa Senhora Aparecida antes de suas ultrapassagens, achando que estava garantido. Morreu, soube depois, justamente numa dessas curvas que não eram as de Santos e que jamais foram cantadas nas músicas da dupla Roberto e Erasmo Carlos – que, em muitas canções, brasileira e inocentemente, legitimam esse *estilo playboy* e irresponsável de dirigir[10].

É justamente esse disparate (confiança ou fé num Deus que nos protege e nas vidas que podemos viver) e a propensão ao risco, à intolerância e à impaciência (expressas no *pé na tabua*) que objetivamos compreender ou, se quiserem, desconstruir[11]. Pois nele está contida a justificativa que serve de base ao nosso comportamento social geral, conforme tentei demonstrar a partir da publicação de minha análise do *Você sabe com quem está falando?*, no quarto capítulo de *Carnavais, malandros e heróis*, já que a orientação normativa do Brasil como sociedade se funda na ambiguidade situada entre dois reconhecimentos: o da totalidade, favorável ao mais forte ou ao superior, dado na premissa da desigualdade constitutiva de nosso mundo social (a tal *fé em Deus* que nos torna superiores pelo elo com o Todo-poderoso); e o da pessoalidade (e, indo mais além, da individualidade), também impressa neste mundo social (o *pé na tábua* que distingue e individualiza). Dito de outro modo, fazemos parte de um todo, mas, dentro dele, somos pessoas especiais. Estamos protegidos dos acidentes, cujas causas, em última análise, são sempre inescrutáveis como atos do destino, predisposições do carma ou resultado de um mau-olhado ou de um feitiço que mal ousamos admitir a não ser para os íntimos. Como, então, conciliar e calcular essa proteção que nos torna superiores (pelos laços de família, pela aparência pessoal e pela fé) com os dados comezinhos e intrusivos de sinais, faixas, veículos e outros obstáculos (como as filas e as pessoas!)? De que maneira articular suas normas universais, que nos situam e constrangem como iguais a todo mundo, removendo de nossa autorrepresentação e imagem as marcas de privilégio – o tal *pé na tabua* ligado ao poder fazer o que se entende – que, afinal, seria também uma prerrogativa implícita de nossa, como falamos coloquialmente, *condição*?

Na base dessas recorrentes expectativas de superioridade social que implicam um movimento irresistível de rebaixamento dos outros e que permanecem fiéis a uma imagem hierarquizada da sociedade, estão congelados séculos de desigualdade – não apenas como uma consequência (ou resultado) da exploração econômica e política planejada, mas, sobretudo, como um modo de ordenar o mundo que ainda não foi devidamente criticado ou até mesmo percebido em suas implicações sociopolíticas. Falamos de séculos de um estilo aristocrático e escravocrata, lido, entretanto, como *patriarcal* ou de *exploração de classe* ou, mais recentemente, de *subordinação social*, que fizeram com que esse modo de organização fosse muito mal discutido ou sequer admitido pela teoria e pela boa discussão política nacional. Com isso, o problema da desigualdade foi encarado sobretudo como político: uma injustiça que importava corrigir pela lei e pelo Estado, sem ser vista como uma dimensão e um estilo centrais da ordem social brasileira.

Não deixa de ser notável como, após a Proclamação da República em 1889, como gostava de dizer Gilberto Freyre, achamos que éramos mesmo republicanos (ou seja, igualitários) e nos esquecemos freudianamente de um Brasil marcado pela nobreza e pela mais espessa escravidão; por reis, bispos e nobres de todos os tipos e feitios. Considerar-se, portanto, como um superior no contexto igualitário da rua e do trânsito reproduz de modo notável, e ao pé da letra, o modelo de transitar de dona Carlota Joaquina, esposa de nosso príncipe-regente e depois rei, Dom

João VI. Como se sabe, dona Carlota Joaquina exigia o cumprimento fiel do protocolo aristocrático, tendo agredido alguns diplomatas estrangeiros em sua ânsia de cumprir num meio urbano que crescia rapidamente, *republicanizando* a vida social, as hierarquias da realeza. O ponto final desse modo hierárquico de navegação social nas ruas de um Rio de Janeiro que recebia seus primeiros impulsos modernizadores veio no célebre incidente com o emissário dos Estados Unidos, Thomas Sumter. Obrigado a parar pela guarda de dona Carlota, não admitiu ajoelhar-se, sacou sua arma e ameaçou atirar na escolta. Os comparsas de dona Carlota recuaram e as ruas assumiram um feitio mais igualitário e moderno, enquanto dona Carlota Joaquina curtia uma nossa bem conhecida frustração aristocrática. O seu *Você sabe com quem está falando?* não funcionou para um americano cujo pai tinha lutado na Revolução Americana e que não via com bons olhos nobres de qualquer tipo, sobretudo ibéricos[12].

Nas ruas das grandes cidades brasileiras, temos multidões de condutores de veículos que dirigem no melhor estilo Carlota Joaquina, com todas as suas expectativas aristocráticas e suas consequentes frustrações e danações. Donde a pergunta crítica: como avaliar o confronto entre hierarquias, escalas, gradações e redes imperativas que distinguem e segregam pessoas com regras democráticas inominadas que igualam e promovem o justo oposto, mas que foram também adotadas pelo mesmo sistema social? Os vários modos de resolver essa ambiguidade formam uma parte central deste estudo.

Aliás, pode-se mesmo dizer que este ensaio, e a pesquisa na qual ele se baseia, são tentativas de compreender tal equação. Nossa tese é a de que é preciso ter em mente o encontro que a modernidade e a democracia promovem entre hierarquia e igualdade para se entender o estilo pelo qual nós, brasileiros, construímos nosso espaço público e nele trafegamos.

A expressão *fé em Deus e pé na tábua* é um excelente emblema para as manifestações encontradas na pesquisa. Ela se aplica aos estilos de conduta: uma indesculpável ausência de cordialidade, quando se impede a passagem de um veículo que está ao nosso lado, o bloqueio intencional do espaço entre nosso carro e o dos outros, o testemunho rotineiro e sempre indignado com os inúmeros casos em que vemos os sinais vermelhos que obedecemos serem ignorados pelo carro ao lado, a imprudência de pedestres, ciclistas e, especialmente, motociclistas, que por sua vez não seguem faixas e, pior que isso, atravessam com o sinal fechado ou insistem em andar na contramão, não tendo a menor consideração pelos outros usuários do sistema.

No estudo do conjunto desses comportamentos, fomos guiados pelos múltiplos sentidos desse velho, mas ainda potente ditado, *fé em Deus e pé na tábua*. Foi ele que, de saída, nos levou a perceber o trânsito não apenas como um mosaico, mas a vê-lo em suas peças constitutivas e, acima de tudo, em suas relações. Como um conjunto – ou equação – que ligava e necessariamente relacionava um aglomerado aparentemente díspar (feito de homens e máquinas) num sistema. Em outras palavras, nosso ponto de partida foi investigar o trânsito como um agregado (ou sistema) e não como um elemento (ou problema) isolado. Usamos, assim, a expressão *sistema de trânsito* no intuito de ressaltar percepções, representações, motivações e valores de que os usuários se utilizam quando nele se inserem como condutores ou pedestres.

Estamos convencidos de que essa visão inclusiva do trânsito permitiu ultrapassar o diagnóstico trivial das ausências e carências de recursos (para os órgãos reguladores, para o policiamento, para as estradas, viadutos, radares etc.). De saída, essas faltas neutralizam qualquer projeto que vise compreender mais profundamente as questões implicadas na conduta no trânsito. Acrescentamos, por outro lado, que esta visão permitiu igualmente um acesso profundo e, supomos, mais sensível, às opiniões dos usuários – que, como o leitor verá nas páginas seguintes, têm uma enorme clareza relativamente aos problemas e a algumas de suas soluções. Ouvir, pois, a voz do *usuário-cidadão-eleitor-contribuinte-mantenedor* do sistema e do próprio *governo* enquanto instituição, cujo papel é o gerenciamento do aparelho como um todo, é algo fundamental caso se queira ter um eficaz programa de gestão preventiva. Só assim é possível substituir as velhas e batidas medidas reativas, que sempre chegam depois dos fatos, por uma atitude preocupada em prevenir, capacitando os órgãos encarregados desta área de antecipar, reduzir e, até mesmo, modificar certas condutas, situações e eventos.

Classes diferentes, estilos parecidos

Se olharmos o trânsito como um *sistema cultural*, como diria Clifford Geertz, ou como um *fato social total* como afirmou, décadas antes, Marcel Mauss, somos levados imediatamente a descobrir que o comportamento local expressa tanto os valores e as atitudes da sociedade capixaba quanto aqueles que comandam a sociedade brasileira.

Ao nos afastarmos dos diagnósticos práticos e pontuais e, diga-se de passagem, necessários, partimos para uma ampla investigação das ideias e, sobretudo, das práticas dos cidadãos que atuam neste universo. Pois sem essa visão preocupada com o conjunto pouco poderíamos sugerir para corrigir as áreas negativas e os comportamentos percebidos como antissociais e agressivos, que, conforme estampam as estatísticas especializadas e os jornais diários, configuram essa dimensão como anômala, doente, vergonhosa, *violenta* e como um dos principais atores do lado mais negativo do *mundo da rua* no Brasil. De fato, como explicar toda essa carga de bestial desumanidade no trânsito, num país cuja autoimagem se funda na cordialidade hospitaleira da boa comida e dos congraçamentos carnavalescos e informais, abertos e risonhos?

Nesse sentido, reiteramos que, à diferença de outras investigações, o presente estudo tem como traço distintivo o fato de que deseja expor uma visão geral da sociabilidade brasileira. Por isso, não focalizamos os aspectos psicológicos ou emocionais (supostamente universais) do ato de dirigir. Igualmente por esse motivo, a investigação não se centrou em questões de engenharia ou de economia do trânsito (número de veículos em contraste com volume populacional; a natureza e o estado das vias de acesso para veículos e pedestres; medidas de fluxo em relação ao número de semáforos etc.), mas examinou atitudes que, conforme sabemos, são geradoras de expectativas todas as vezes que, a pé ou de carro, ônibus, bicicleta, táxi, carroça, motocicleta ou caminhão, *saímos* do espaço de nossas moradas para *dar duro, pegar no batente, trabalhar, resolver* e *ver* alguma coisa na rua – essa esfera que, no Brasil, é concebida como sendo feita de luta, durezas, sofrimentos e de combate; rua que, em muitos contextos, reitero, é uma metáfora da *vida*.

Entendemos que sem uma visão mais ampla da dinâmica social, para além da postura economicista e quantitativa que divide, por critérios exclusivamente financeiros e numéricos, a sociedade em classes de "A" a "E", ou entre *ricos* e *pobres*, sem entender suas relações, não teríamos obtido os resultados que o leitor está prestes a ler. O mais importante deles é o conjunto de atitudes adotadas pelos mais diversos usuários do trânsito, independentemente de sua posição social.

O que a pesquisa demonstra exaustivamente é uma semelhança de atitudes gerais sobre a rua, os pedestres, os semáforos, as faixas, os estilos de dirigir, os comportamentos perante a lei e a punição. Ao contrário do que seria de se esperar, não se destacam, por parte dessa mesma população, percepções opostas e diferenciadas sobre o trânsito, o carro e os sinais. Ainda que seja economicamente distinta, de caráter profundamente heterogêneo, a população estudada é marcada não por suas diferenças, mas por um conjunto de expectativas semelhantes que revela usuários emitindo opiniões diferenciadas somente em algumas áreas. No plano prático, portanto, estamos de posse de dados valiosos para sugerir e orientar campanhas e modificações inovadoras para o trânsito do Espírito Santo e, respeitadas as diferenças, em outras unidades da federação.

Outro ponto importante deste trabalho diz respeito a uma área não discutida ou sequer problematizada. Trata-se de perceber como nossa mentalidade hierárquica, que induz a graduar pessoas, objetos e espaços verticalmente ordenados – entre *superiores* e *inferiores* –, manifesta-se também e principalmente no trânsito, sendo compartilhada por todos os informantes. Ora, é justamente essa expectativa de ordenação social por meio de um eixo que vai do superior para o inferior (e vice-versa), de um centro para uma periferia, que tem governado (e ainda governa) histórica e socialmente o espaço social brasileiro que o mundo da rua – por ser estrutural e legalmente igualitário e republicano – desorganiza, ameaça e, eventualmente, destrói[13].

O choque e o conflito decorrentes do encontro de expectativas hierárquicas – quem *tem* um carro mais caro, *anda* mais bem vestido, *fala melhor* etc. espera um reconhecimento tácito de sua superioridade – com a *imposição* da igualdade por meio de sinais obrigatórios e universais (formadores dos elementos constitutivos do universo da *rua*) estão na base desta guerra ou combate. Esse conflito traduz o que todos os informantes chamam de estresse, desconforto, nervosismo, raiva e impaciência.

Atitudes e sentimentos que formam o núcleo das imprudências e da competição negativa (porque recalcada) que o trânsito explicita – as quais, por seu turno, transbordam em tantos acidentes, infrações, perdas materiais e mortes. Deste ponto de vista, a impaciência *no* trânsito seria um modo de reagir a essa prescrição igualitária; a essa obrigação de tratar o outro como um igual, de ser coagido a seguir um comportamento igualitário, impossibilitando ao máximo o uso de recursos hierárquicos e aristocráticos tão comuns em outras áreas do sistema. Ademais, no trânsito, o comportamento abertamente hierárquico, demonstrativo de superioridade, conduz a riscos e a um efeito punitivo imediato. Tal combinação de igualdade coercitiva com hierarquia habitual e costumeira produz esses surtos de *malcriação e agressividade* que tipificam o trânsito no Brasil.

Isso revela que, no trânsito, não temos apenas um problema de engenharia e de *falta de educação*, como ocorre em todo lugar, mas um denso conflito entre dois estilos de comportamento ou navegação social bem estabelecidos.

Um deles é antigo, tomado como natural e muito pouco discutido. Baseia-se no princípio do *um lugar para cada coisa, e cada coisa em seu lugar* e na ideia geral de que o mundo é mesmo feito de *ricos* e *pobres* e de *autoridades* e *pessoas comuns*, tudo baseado numa patente desigualdade. Nesta visão, as polaridades não são lidas como exceções ou acidentes que, um dia, irão desaparecer, mas como elementos constitutivos do próprio mundo social. Numa frase, poder-se-ia dizer que, no Brasil, a ideia geral é a de que sempre irão existir imprudentes ou pobres. A perfeição da vida não estaria em sua eliminação, de resto impossível, mas na subordinação às regras.

O outro princípio, típico do espaço público moderno, democrático e republicano, diz que o mundo está em movimento, que os sujeitos do espaço público são sempre desconhecidos e, para o desapontamento geral, que esse espaço é, por constituição e estrutura, igualitário. Nele, a regra básica é a de *quem chega primeiro tem prioridade*. Seus desdobramentos são expressos nas normas de *espere pela sua vez* e de *obedeça aos sinais* que ali estão para todos. Esse princípio opera por meio da lógica binária do certo ou do errado e não por meio de graduações e relações de mais ou menos, típicas de um mundo social permeado pelo *Você sabe com quem está falando?* e pela ideia de que, com *jeito*, sempre cabe mais um e que o espaço, bem como as normas que o governam e as pessoas que o ocupam, são elásticos. Esse sanfonamento, ou essa qualidade negociável das leis, espaços e, até mesmo, das pessoas que se espremem num elevador ou num ônibus para que seus conhecidos possam entrar ou sentar-se (pois sempre cabe mais um), é o princípio estruturante do *jeitinho* que a movimentação de veículos nas vias públicas, todavia, bloqueia de modo terminante, embora todos os motoristas que observamos façam força para revogar[14]. Sem, então, a possibilidade do *jeito*, pois automóveis, caminhões e ônibus não possuem a mesma maneabilidade social, mental, emocional e, sobretudo, física de um ser humano, as tentativas de movimentar-se no trânsito de modo relacional quase sempre terminam em acidentes e conflitos. Nesse sentido, portanto, uma sociologia do trânsito ajuda a compreender as indecisões brasileiras entre ser e estar num mundo público como cidadão submetido às normas da igualdade ou, de modo aristocrático, como superior.

"SERÁ QUE DÁ?"

No Brasil, o *jeitinho* no trânsito surge numa pergunta recorrente, feita pelo motorista aos seus acompanhantes: *Será que dá?* Ou seja, será que eu posso *enfiar* meu carro naqueles espaços intermediários que foram esquecidos pelos outros e, com isso, obter algum progresso, ultrapassando alguém e mostrando minha imaginação e minha malandragem em competir?

A invenção de espaços para o automóvel, onde esses espaços não existem, como as calçadas, por exemplo, faz parte do nosso *jeitinho brasileiro de ser* – como diz Livia Barbosa – *mais igual do que os outros* num espaço restritiva e obrigatoriamente igualitário.

Esse conflito explica o conjunto das opiniões gerais obtidas na pesquisa. Pois o que as entrevistas e os grupos de foco revelam é que os julgamentos das situações, as percepções da rua, dos veículos alheios, do próprio veículo e do papel de motorista (assim como da lei e de sua aplicação) são todas permeadas pelo conflito decorrente desse quadro sociológico geral. Um conflito que surge com tanto mais força e energia quando se descobre a notável ausência de consciência por parte dos cidadãos sobre as ruas e avenidas de suas cidades. Os cidadãos não se dão conta de que elas são um espaço de competição e negociação *entre iguais*, que, como seus usuários, não podem supor que têm mais direitos que os outros num cruzamento, quando vão estacionar ou quando se defrontam com um cidadão a pé. A tão falada questão da *educação* não diz respeito somente a cultivar a paciência diante dos sinais e a respeitá-los, por medo de multas, como ocorre na Alemanha prussiana, na América calvinista ou numa França iluminista. É muito mais que isso. No Brasil, trata-se de ensinar que o sujeito ao lado existe como cidadão. Que ele, por ser desconhecido, não pode ser tratado como um inferior ou um débil mental. Trata-se de discutir alguns pressupostos relativos aos deveres de cidadão – o que inclui, obviamente, o respeito, em primeiro lugar, ao ser humano que dirige cada veículo, que, juntamente com o pedestre, o ciclista e o motociclista formam, conosco, parte de um sistema de iguais. Em outras palavras, é preciso internalizar um sistema que convença os brasileiros de que nós não somos somente *pessoas* ou gente apenas definida por relações pessoais, que tudo podem com sua bem conhecida elasticidade; mas que, no trânsito e na rua, somos cidadãos, somos seres definidos por feixes de direitos e deveres num plano político e, sobretudo, cívico, que exclui a família, com suas considerações de substância que nos caracterizam e que este estudo tem como objeto tomar como centro e problematizar.

A conjuntura de competição negativa é promovida pela convergência conflituosa de valores e produz, seja a pé ou dirigindo qualquer veículo, um conjunto de comportamentos agressivos e enlouquecedores. A pesquisa revela que tais comportamentos resultam menos de questões de obras e melhorias materiais do ambiente do trânsito que do fato de que todos, no fundo de suas consciências, se sentem especiais, superiores e com direitos a regalias e prioridades. A imprudência, o descaso e a mais chocante e irreconhecível incivilidade brasileira no trânsito decorrem da ausência de uma visão igualitária de mundo, justamente num espaço inevitavelmente marcado e desenhado pela igualdade mais absoluta entre seus usuários, como ocorre com as ruas e avenidas, as estradas e viadutos.

Notas

1 Ver Goffman, Erving. "Where the Action Is", in: *Interaction Ritual*. Nova York: Doubleday, 1967.

2 O famoso desenho do personagem Goofy (para nós, brasileiros, o Pateta, um híbrido de cão muito manso e homem comum) no trânsito foi realizado por Walt Disney em 1950, quando a indústria automobilística americana estava em seu clímax e o sistema de autoestradas entrava

em plena operação. Nesse episódio, de óbvia inspiração educativa, o Pateta deixa de ser Mr. Walker (o Sr. Pedestre), transformando-se em Mr. Wheeler (o Sr. Roda), um demônio impaciente e mal-educado assim que entra em seu automóvel e começa a dirigir. É interessante observar que, a despeito de seu estilo bárbaro, Pateta continua seguindo, civilizadamente, as normas fundamentais do trânsito, como obedecer aos sinais, que servem de marcos para uma competição negativa com outros motoristas.

3 No ensaio "A questão da cidadania num universo relacional" (*A casa e a rua: espaço, cidadania, mulher e morte no Brasil*, de 1985), investiguei criticamente a concepção de *cidadão*, deixando de lado suas reificações e pressuposições políticas mais ingênuas, idealizadas e triviais, como era (e ainda é) comum na discussão desta categoria, tomando-a como um papel social inventado pelo mundo moderno. Ou seja: tratei o cidadão como uma posição social indexada por direitos e deveres legais e políticos ao alcance de todos, não por nome de família, amizade e outros componentes baseados na ideologia do sangue, da honra, da consideração e da simpatia, exclusivos de certas pessoas em relação a outras. Meu ponto, nesse ensaio, era o seguinte: como seria possível instituir como hegemônico o papel de cidadão (que na vida liberal domina todos os campos e disputas sociais) numa sociedade como a brasileira, baseada e dominada por um sistema de elos sociais familiares e aristocráticos, no centro dos quais estava a *casa*, com suas regras de respeito, honra e lealdade pessoais; e não a *rua*, com suas normas que valem para todos? Não se discutia a possibilidade de instituir a cidadania, mas de descobrir o foco de suas dificuldades. Debalde dizer que a discussão passou em brancas nuvens pelo espectro sociopolítico e histórico dos debates sobre esse importante conceito estruturador da vida moderna, liberal, competitiva e igualitária.

4 Vale notar que, no início do século passado, as queixas do povo não se orientavam contra o *trânsito*, como hoje, mas contra locais e pessoas, sobretudo o abuso da autoridade por agentes da lei, reinventando hierarquias onde estas não deveriam ocorrer, como no espaço público. Veja o livro de Eduardo Silva, *As queixas do povo*. Rio de Janeiro: Paz e Terra, 1988. Ver também Boris Fausto, *Crime e criminalidade*. São Paulo: Brasiliense, 1984.

5 Em qualquer casa brasileira, a dona e seus habitantes sabem exatamente que o Huguinho só toma Nescafé; que o Chiquinho come pão de

forma; que o Manezinho prefere o arroz em cima do feijão, ao passo que o Zequinha prefere o oposto; e que a coxa da galinha é da Naná, enquanto o peito é do papai. E por aí segue um número infinito de distinções constitutivas de identidades que reafirmam as hierarquias como a cultura de um grupo doméstico que se diferencia e distancia dos outros por suas comidas favoritas, que suas mulheres preparam como ninguém. Os ritos domésticos brasileiros são muito mais de limpeza e de comida, do que de bebida e de conversação, como ocorre em outros países. Esses costumes como mecanismos formadores de identidades e comportamentos relacionais jamais foram investigados à luz das exigências de igualdade e liberdade demandadas pela modernidade e pela vida democrática moderna e liberal.

6 In: *Cadernos do ICHF* UFF, n° 31, agosto de 1990.
7 Bilac apud Rachel Soheit, op. cit.
8 Ver Linger. *Dangerous Encounters: Meanings of Violence in a Brazilian City*. California: Stanford University Press, 1992.
9 In: revista *Mana*. Abril, 2000, vol. 6, n°. 1, p. 7-29.
10 Vejam-se as canções: "As curvas da estrada de Santos", "É papo firme", "120...150...200 km por hora", "Eu sou terrível", nas quais a velocidade, o embalo, o risco e a aceleração são invocados e tomados como parte da conquista amorosa e de um estilo jovem e moderno de dirigir. O conjunto dessas músicas, que em sua significativa inocência encorajam um modo irresponsável de guiar um carro, demonstra como o problema está enraizado, fazendo parte de um estilo nacional de comportamento. Na matéria "Carioca todo dia faz da rua pista de GP [Grande Prêmio]", publicada no *Jornal do Brasil* na edição de 18 de setembro de 1986 logo acima da citada reportagem "Pedestre desafia o trânsito com impunidade", comprova-se o estilo de dirigir em alta velocidade, sem pensar em riscos – porque, como revelam os especialistas entrevistados, os riscos simplesmente não foram internalizados pelos motoristas.
11 Numa Índia que se moderniza veloz mas não linearmente, dir-se-ia, pelo que depreendo de uma reportagem publicada na revista *National Geographic* (Brasil) em outubro de 2008, que existe a fé na munificência do bom deus Ganesha (que é um duplo de homem e de elefante, propiciador de fertilidade e bons resultados), mas não o lado do pé na tábua que individualiza e exprime mais abertamente a competição e o lado explicitamente esperto e letal da malandragem. Deste modo, to-

dos os veículos são sistematicamente abençoados e passam pelo ritual de passagem do *puja*, antes de entrar em serviço.

12 Para descrições do evento, sem, contudo – é óbvio –, esse tipo de análise, ver Patrick Wilcken. *Império à deriva: a corte portuguesa no Rio de Janeiro, 1808-1821*. Rio de Janeiro: Objetiva, 2005; e Laurentino Gomes. *1808*. Rio de Janeiro: Planeta, 2007.

13 O que não significa dizer que as ruas não mantivessem entre si um relacionamento hierarquizado e, no Brasil, aristocrático, ou até mesmo arcaico, mesmo em tempos republicanos. Assim, havia ruas que abrigavam certos profissionais e serviços. A rua do Ouvidor – por ser a que abrigava estabelecimentos modernos, mais voltados para a Europa, sobretudo para a França, era, de longe, a mais elegante e exclusiva. Neste contexto, surge como a mais central de um ponto de vista gradativo. Seria uma rua onde se podia experimentar um modo de vida estrangeiro e igualitário (entre os segmentos sociais aristocráticos) num universo social marcado pela desigualdade como fato e valor social. Daí sua atração e sua atmosfera teatral e um tanto circense. Tal como ocorre em alguns restaurantes e certas lojas especializadas em importados de São Paulo. Lá os preços abusivamente altos dizem quem pode e não pode penetrar em seus espaços exclusivos.

14 Ao ressaltar esses aspectos, estou simplesmente reiterando alguns dos pontos fundamentais que Lívia Barbosa levantou em seu estudo clássico sobre o *jeitinho*. Veja-se, pois, o livro *O jeitinho brasileiro: a arte de ser mais igual que os outros*. Rio de Janeiro: Campus, 1992.

3. Receitas para enlouquecer: avaliações e julgamentos do trânsito

Este capítulo discute o modo pelo qual os próprios usuários (os condutores dos diversos veículos e os pedestres) imaginam, definem ou representam o espaço público no qual atuam como parte deste sistema de transporte e lazer motorizado, composto de pessoas e veículos públicos e privados. Aqui registramos as expectativas realizadas dos motoristas quando entram e saem do sistema de trânsito.

Esse conjunto de opiniões, recapitulações e experiências, bem como de confirmação de expectativas, ratifica os pressupostos já apontados, pois a visão rotineira de nossos entrevistados é a de que, na rua, nas estradas e nas calçadas, todos estão engajados numa luta de todos contra todos e a única regra é o salve-se quem puder. Em outras palavras, num universo lido como hobbesiano, construído num espaço avesso ao da casa, a expectativa é de luta, competição e brutalidade.

Disso resulta uma visão do trânsito como *caótico*. A principal característica dessa imagem depende, em grande medida, mas não de modo absoluto, da posição das pessoas dentro do *sistema*. Tornemos esse ponto mais claro.

Na qualidade de pedestres e de ciclistas, os usuários do espaço público sentem-se agredidos, inferiorizados e subordinados à lógica selvagem e agressiva do trânsito. Tal lógica se manifesta na força bruta, no poder da velocidade (inclusive quando elas obrigam a fugir ou a *correr*), no valor, no prestígio e no tamanho dos veículos que, na mentalidade dos brasileiros em geral, e dos capixabas em particular, são os verdadeiros *donos* (ou *patrões*) do trânsito e os principais atores desse sistema: os automóveis, os ônibus e os caminhões, essas máquinas com quatro rodas, motores mais possantes, lataria mais elaborada, maior peso e densidade, custo e, obviamente, as que ocupam o maior espaço. De fato e de direito, a concepção corrente é de que as *ruas* não somente foram desenhadas e construídas para eles, mas que *são deles* no sentido brasileiro do ser como pertencer ou ser subordinado a alguma coisa ou a alguém.

Disto decorre que, no papel e na posição de pedestre e ciclista, o usuário tem sua sensibilidade despertada e aguçada para o estilo irracional e agressivo de dirigir. Primeiro porque está em geral só e sem a proteção do veículo que não lhe serve de couraça, armadura ou trincheira. Depois, porque não tem nenhuma capacidade para revidar à altura de seus perseguidores e agressores. Finalmente porque, quando interage com os outros veículos, sabe que pode ser mais facilmente humilhado, agredido e, em última instância, vitimado. É justamente, portanto, quando está do lado de fora de algum veículo (que, como uma casa, um escudo ou armadura, protege e engloba, revestindo de poder e promovendo uma inusitada sensação de força) que os entrevistados revelam uma maior consciência dos padrões da irracionalidade competitivo-agressiva do trânsito. Com isso, tendem a acentuar o comportamento dos motoristas, deixando de lado a presença dos outros atores que também fazem parte do mesmo cenário e, diga-se de passagem, de seu próprio comportamento ilegal e malandro nesta paisagem tão dramaticamente marcada por toda sorte de riscos, trapaças e ilegalidades.

Para quem atua no sistema como pedestre e ciclista, então, a responsabilidade pelo que é avaliado como *caos* cabe aos motoristas, que, por incúria dos órgãos competentes (a polícia e os departamentos fiscalizadores em geral), e por conta de sua notória *falta de educação*, fazem o que bem entendem nas ruas das cidades, pondo em risco seus transeuntes. Aqui, abundam as narrativas nas quais o motorista – como um *dono da rua* – é o inimigo e o assassino. Nelas, recorda-se a vivência trivial quando o entrevistado, ao cruzar uma rua, observa que o motorista acelera, em vez de diminuir a velocidade do veículo pelo qual é responsável. O mesmo acontece quando as pessoas falam da experiência costumeira do desrespeito aos semáforos e faixas destinadas à proteção do pedestre que os motoristas tendem a não obedecer ou, pior que isso, obedecem de modo irregular, inconsistentemente: às vezes parando seus carros antes da faixa, às vezes ultrapassando suas marcas, o que conduz a uma notória insegurança por parte dos pedestres que tomam como um gesto de perigo atravessar qualquer rua e, sobretudo, avenida.

Dentro deste tópico, é trivial a dramática experiência da irracionalidade do tempo de duração dos sinais que não ficam abertos ao pedestre o tempo que deveriam, impedindo o cruzamento de uma avenida ou rua a passo regular e com tranquilidade. Realmente, a concepção implícita (ou inconsciente) de que a *rua* é dos veículos motorizados e não dos pedestres tem sido a responsável por essa ausência de sensibilidade para o tempo de travessia dada a estes. Somente nos últimos vinte anos os administradores públicos (e os cidadãos) se deram conta de que as pessoas andam numa velocidade que varia de acordo com o espaço percorrido e com suas condições físicas. Um jovem, uma mulher grávida e um senhor idoso não cruzam uma rua ou uma larga avenida com a mesma velocidade. Se o espaço de travessia foi muito ampliado, como ocorreu quando da construção de grandes vias nas reformas das metrópoles brasileiras, o pedestre não se transformou num atleta olímpico: continua andando no mesmo ritmo enquanto – eis o paradoxo – o tempo do sinal destinado à parada dos automóveis e outros veículos não foi dilatado. Na ausência de tal coordenação, o resultado foi que cruzar ruas e avenidas passou a ser um outro risco para o pedestre, pois em sua experiência e a partir de sua perspectiva, o sinal não permanece aberto até que ele tenha o tempo necessário para cruzar a avenida. Ansioso, vê a largada dos carros e ônibus que avançam celeremente em sua direção antes de chegar a salvo na calçada! Neste caso, atravessar uma rua torna-se não apenas um ato de bravura e um risco, mas um desafio ou duelo entre o pedestre e o motorista que o vigia, pronto a acelerar seu carro demonstrando na prática como a *rua* é realmente sua e como ele tem o poder de escorraçar o pedestre, reduzido a uma vítima em potencial. Tudo isso com o agravante de serem ainda enxotados por um buzinar agressivo, que equivale a um pito autoritário.

A LINGUAGEM DA BUZINA

Há uma arte e uma gramática de buzinar no Brasil. Uma linguagem que se aprende sem saber, implicitamente, pelo exemplo, e que se inscreve na alma de todos os motoristas nacionais. Para chamar a atenção do outro motorista com leveza e de *modo educado*, calmamente, *toca-se a buzina* de modo rápido e com suavidade. Dois toques suaves e rápidos são sinais de que o outro precisa sair de seu mundo pessoal e olhar em volta para saber o que está acontecendo. Pelo toque suave, ele vê o outro motorista, que complementa a *buzinadinha* (eis, de novo, o diminutivo como gentileza e mediação), e imediatamente descobre que nada de muito sério ou grave está ocorrendo. Tais buzinadas são geralmente acompanhadas de gestos de mão (polegar para cima, indicando boa vontade e positividade); bem como de acenos positivos de cabeça e sorrisos. Trata-se, como todos sabemos, de uma solicitação de contato pessoal que atenua a impessoalidade das latarias, promovendo o encontro face a face, a pedra de toque daquilo que, no Brasil, traduzimos como simpatia e afabilidade. Por contraste, o toque largo, forte, firme, pesado e repetido (quando se *senta a mão na buzina*), acompanhado de um olhar fixo no buzinado, indica um pito, um *sabe com quem está falando* ou xingamento. Ou, certamente, um tapa no rosto, que lembra o desafio para o duelo ou a disputa agressiva. Essa buzinada é sempre *dada* e interpretada como sendo *raivosa*, caracterizando-se como uma agressão, reclamação e advertência, que significa: *veja o que faz, seu errado!* Ser chamado atenção na rua (ou em público) por um estranho é uma situação sempre considerada desrespeitosa e, pior que isso, vergonhosa, porque *todos estão vendo* ou porque ocorre *na frente de todo mundo*. Pessoas distintas e educadas (logo, desiguais) não podem ser corrigidas em público e abertamente em países comandados por *vergonha* e não por *culpa*, conforme sugeriu Ruth Benedict em seu clássico estudo sobre o Japão, *O crisântemo e a espada*[1], publicado em 1946. Na cultura de culpa, predomina o individualismo e as regras não têm elasticidade, não sendo confundidas com situações e pessoas. Nelas, o erro conduz à autoacusação e à culpa, mesmo quando os outros não sabem. Nas sociedades, porém, onde predomina o relacionamento e a vergonha, o que vale é o conhecimento pelos outros do que uma pessoa fez. Se as pessoas ficam sabendo, vergonha; senão, a gente continua como está.

Dir-se-ia que o uso da buzina é um elemento primário de toda e qualquer engenharia urbana. Mas o fato concreto é que, no caso do Brasil, como a ideologia implícita sempre foi a da dominância dos espaços públicos pelos automóveis e outros veículos motorizados, o tempo curto dos sinais de trânsito nas largas avenidas promoveu um drama que tem sido assunto de reportagens jornalísticas.

Numa delas, publicada no *Jornal do Brasil* na edição de 28 de outubro de 1986, o jornalista Luiz Fernando Gomes acentua que a ausência de faixas, o tempo curto de luz verde e a má sincronia tornam penoso o *ofício* de ser pedestre. É digno de nota o uso da palavra *ofício* como papel social impossível de ser desempenhado numa malha urbana na qual os sinais se destinam apenas "a disciplinar o tráfego de veículos, [fazendo com que] vencer a distância entre uma calçada e outra [seja] uma aventura que exige, além da ginga e da velocidade de um pontadireita, a paciência e a atenção de um enxadrista". Pois o que a reportagem constata – já em 1986! – é a mais absoluta ausência de coordenação entre o tempo de travessia a pé e o sinal verde. Na cidade do Rio de Janeiro, um ponto crítico era a avenida Presidente Vargas, em frente à estação Central do Brasil. O risco neste ponto era de tal ordem que ele foi apelidado pelos cariocas de *salve-se quem puder*, expressão que, como estamos vendo, perdura quando falamos dos dramas enfrentados pelos *cidadãos-pedestres* no Brasil. No caso, a distância, tal como ocorre atualmente na avenida Paulista, era de tal ordem que as pessoas tinham que *tourear* ou *driblar* os carros, arriscando suas vidas quando executam aquilo que deveria ser um ato banal em qualquer malha urbana do planeta: atravessar suas ruas.

Um dos pontos instrutivos da matéria é a revelação de como os sinais importados do exterior, como os bonequinhos que piscam, vindos dos Estados Unidos, eram reinterpretados pela lógica do espaço público brasileiro, fazendo com que os motoristas acuassem os pedestres no momento exato em que o sinal mudava de verde para vermelho, obrigando-os a correr apavorados para evitar o atropelamento. Trata-se da mais clara comprovação, reitero, de que, entre nós, a rua pertence aos veículos e não aos pedestres. A mudança dos sinais é interpretada como uma licença legal para o avanço desembestado dos carros, que, no mundo da rua, seguem a gramática de deixar os cidadãos anônimos (lidos como subpessoas) entregues à própria sorte, a menos que sejam seus conhecidos[2].

Por se sentirem inseguros e ameaçados, os pedestres e, em menor escala, os ciclistas consideram, com justa razão, que o sistema não está voltado para as pessoas, daí a ênfase que também colocam em campanhas educativas destinadas aos motoristas, bem como na criação de ciclovias e no investimento em transporte coletivo. Na condição de pedestres e ciclistas, percebem-se como situados na base de uma cadeia hierárquica que tem no topo a casta superior dos motoristas de carros particulares importados, do ano, seguida de ônibus, caminhões e motocicletas. Nesta condição de cidadãos indefesos contra motoristas protegidos e capazes não só de agredir, mas de fugir rapidamente, os pedestres e ciclistas têm uma clara noção das regras como instrumentos de proteção, não de abuso e símbolo de superioridade social, como ocorre com os usuários de veículos motorizados. Seu sentimento, portanto, é de que as normas de trânsito devam ser cumpridas, e os maus condutores, multados.

Quem cumpre a lei?

A insegurança quanto às normas gerais que administram todo o sistema é, acreditamos, um dos pontos mais críticos e que mais devem ser focalizados em qualquer intervenção. Decorrente, como estamos vendo, da insinuação de uma perspectiva e de práticas hierárquicas num espaço igualitário, ela gera uma sensação de mal-estar cujo centro está no descaso dos *superiores* (automóveis, caminhões e ônibus) para com as regras e com os *inferiores*, o que confirma a percepção (e, mais que isso, o credo) de que vivemos numa sociedade marcada pela distância entre leis e práticas sociais, entre normas que valem para todos – menos, contudo, para quem tem mais força ou padrinhos e amigos dentro do *governo*. Deve-se acrescentar que isso não impede que os ciclistas (tanto quanto os *motoboys*) cometam 117 infrações num período de vinte minutos, conforme demonstra nossa pesquisa observacional.

Ou seja, o fato concreto é que o cidadão brasileiro, seja pedestre, ciclista, motociclista, motorista ou até mesmo carroceiro, tem uma dificuldade atávica no que diz respeito a obedecer à lei. Num sentido preciso e marcadamente aristocrático, fruto de uma matriz que foi muito pouco discutida entre nós, a obediência à lei exprimia – como revela essa pesquisa – inferioridade e subordinação social. Tudo se passa como se, no Brasil, não tivéssemos feito a necessária transição entre obedecer a pessoas e à lei, o que configura coisas muito diversas. Deste modo, a atitude geral e, devemos acentuar, normal de todos os atores do trânsito, é a suposição de que os sinais e as faixas podem, e devem ser, num dado limite e com certo risco, contornadas e evitadas, o que tem consequências geralmente fatais. Em qualquer campanha seria preciso indicar com força e precisão o papel da lei como elemento nivelador e não hierarquizante, e o fato de que a lei não existe contra o cidadão a pé ou de bicicleta, mas a seu favor. Sobretudo no trânsito.

No fundo, e dentro de nosso marco teórico, não surpreende que a avaliação do sistema pela perspectiva dos pedestres e ciclistas – aqueles que atuam no trânsito em seu plano mais individualizado e sem proteção, vendo-o de baixo para cima, e que são percebidos como os *mais fracos*, os *inferiores*, as vítimas em potencial; os anônimos que, até prova em contrário, são tidos pelo olhar rápido, que confirma os preconceitos aristocráticos, como *pobres* – tenha um viés defensivo e cauteloso. Na condição de pedestres despidos da capa protetora de volantes e cabines, todos acentuam o papel positivo da lei e das normas e, mais ainda, a necessidade da obediência por parte dos condutores. Nestas circunstâncias e dessa perspectiva, a obediência passa a ser básica, pois sem ela seria impossível para as pessoas investidas nesses papéis exercerem seu direito à liberdade, movimentando-se com calma e segurança no meio urbano. Mas as coisas não são tão simples assim, porque esses mesmos pedestres demonstram, na prática, enquanto membros do sistema, o mesmo descaso pelas normas e sinais. Em seu caso, o modo de agir segue claramente as normas clássicas do jeitinho, tal como foram explicitadas no trabalho já mencionado de Lívia Barbosa. Pois o que vai atravessar a rua e não tem paciência para esperar pelo sinal verde dos pedestres, ou de caminhar um pouco mais em direção a uma passarela, não hesita em *dar um jeitinho*, caminhando por entre as levas sucessivas dos veículos em trânsito, ocupando paulatinamente espaços vazios e relativamente seguros, como ressaltos, calçadas no meio da avenida, ou se protegendo por trás de postes. Pouco a pouco, vai o pedestre *furando* o sinal e, em seu caminhar *jeitoso*, consegue – como um bom atacante de um time de futebol – driblar os obstáculos e atravessar a rua.

Quando os observamos, notamos um misto de satisfação, medo, hesitação e, junto a isso, um olhar de perito. No final da travessia, há o triunfo por ter mostrado aos *panacas* ou *babacas* que ainda estão esperando na calçada como é possível desafiar o sinal e sobreviver à fúria dos motoristas. O que para o observador é um risco, para ele é tempo ganho, demonstração de que sabe andar nas ruas de uma grande cidade, enfrentando com classe o *movimento* e, acima de tudo, o bom uso do tradicional *jeitinho brasileiro*, que nessas arriscadas travessias supera o *Você sabe com quem está falando?* promovido pelos veículos motorizados.

Uma reportagem de 2 de junho de 1991, publicada no *Jornal do Brasil* e assinada por Sérgio Pugliese, tem o significativo título de "A caminhada sinuosa do pedestre" e discute precisamente essa questão. De um lado, ela confirma o lado frágil do cidadão defronte aos automóveis; do outro, confronta o pedestre com as normas que ele, acintosamente, deixa de seguir. Pois, como diz a matéria: "Eles caminham pelo meio das pistas, sob passarelas, em túneis, viadutos e elevados e não respeitam sinais luminosos ou faixas, geralmente preocupados em encurtar caminho e ganhar tempo." Inútil discutir se poderia existir, como considera a reportagem, um meio de abordá-los para lhe aplicar multas, como ocorre em outros países. Sua *condição* de *pobreza* que legitima o abandono das leis e justifica até mesmo a criminalidade aberta e a malandragem estabelecida promoveria sérios conflitos caso se tentasse estabelecer uma punição. Se ser pedestre é algo penoso, não deixa de ser igualmente verdade que por se tratar do mais inferior e ínfimo elemento do sistema, ele tem o aval de arriscar-se, deixando de cumprir as regras. De um certo ponto de vista, quem está no topo e no fundo não precisa seguir normas, como é típico de sociedades aristocráticas, onde canalhas, celebridades e nobres (que vivem desafiando o sistema e seguem – ou tentam seguir – regras próprias) têm algo em comum: o notável desdém pelo que só os inferiores ou subordinados devem obedecer.

Quando, entretanto, esses indefesos pedestres e ciclistas se transformam em *motoristas* e tomam a direção de um carro de passeio, táxi, ônibus ou caminhão, a avaliação muda radicalmente. Identificando-se com o prestígio e o poder conferido pela máquina que dirigem, esses *pobres* pedestres transformam-se em *pessoas* motorizadas, ou supercidadãos. Identificam-se com seus veículos a tal ponto que esses se transformaram em seus corpos, suas peles e seus rostos. Esperam que, nos contextos igualitários do trânsito, sejam reconhecidos como gente de prestígio. Um prestígio, diga-se logo, que nem sempre desfrutam na sociedade. Agora, resguardados pela armadura de seus veículos, que equivalem a uma *casa* ambulante, eles desfrutam da proteção, que se acentua e justifica quando estão acompanhados dos membros da família ou dos amigos, pois então podem estabelecer aquela tradicional e inconsciente oposição que faz com que todos os que com ele compartilham das vias públicas se transformem em inimigos[3]. Agora, comandando o volante e a incrível força das centenas de cavalos de suas máquinas de transitar, eles se julgam isentos da obrigação de obedecer as normas do mundo público – esse mundo que, no Brasil, até hoje toma a desobediência e a manipulação da lei como provas definitivas de superioridade social e política.

Em contraste aberto com os pedestres, que enfatizam comportamentos agressivos, a pesquisa indica que os profissionais do trânsito (a saber: caminhoneiros, condutores de ônibus, motoboys e taxistas) têm como denominador comum de suas avaliações uma acentuada sensibilidade para os elementos materiais das estradas e vias públicas. Assim, eles observam e mencionam explicitamente a presença de obstáculos que impedem o bom fluxo dos seus veículos, como buracos, sinalização mal sincronizada, guardas inoperantes e outros elementos como a manutenção de seus veículos e seu regime de trabalho. Mas, tal como os pedestres, também veem os motoristas de carros de passeio, se não como inimigos, pelo menos como *atrapalhadores* e *barbeiros*. Ou seja: como amadores, cujo estilo de dirigir é canhestro e incompetente, pois se baseia na imprudência, na impaciência e na *falta de educação*. São pessoas que, como os barbeiros, cometem erros de difícil reparação, mas mesmo assim os cometem a cada momento.

Tanto caminhoneiros quanto condutores de ônibus e taxistas sentem-se vítimas de guardas de trânsito, mas os taxistas que trafegam nas cidades percebem, tal como ocorre com os pedestres, que o trânsito é caótico, agressivo e marcado por uma irracional desobediência às regras. Todos são unânimes em afirmar que um traço marcante do caos urbano é o desacato às normas e sua contrapartida brasileira (e capixaba), o *jeitinho*, o *Você sabe com quem está falando?* e outros elementos que fazem com que o relacionamento (ou a postura) pessoal englobe e torne-se mais importante que a lei – que, em princípio, deveria valer para todos. Em última instância, aí está a base de nossa triste impunidade. Por isso, todos são extremamente favoráveis a qualquer iniciativa de intervenção concreta, inteligente, profunda e positiva.

Neste sentido, o ponto-chave de todas as avaliações do trânsito, confirmadas pela pesquisa observacional, é a inconsistência de condutas relativas à impessoalidade das regras. Como se o ponto de vista dos motoristas, bem como suas motivações pessoais, tivessem a capacidade de justificar a não obediência às normas estabelecidas.

Notas

1 Ruth Benedict. *O crisântemo e a espada*. São Paulo: Perspectiva, 1972.
2 Num livro de excepcional qualidade interpretativa, Nicolau Sevcenko salienta a relação entre o automóvel como símbolo de velocidade, força e modernidade, tal como ela é introduzida e reinterpretada na cidade de São Paulo. Fala dessa nossa familiar *caça ao pedestre* nascida quando

os veículos motorizados foram introduzidos no Brasil. Sevcenko revela as múltiplas facetas do trânsito, voltando-se para o carro, que, como expressão de superioridade social, era utilizado como veículo de corridas pelas ruas e avenidas de São Paulo, sem a menor consideração para com o cidadão-pedestre. A certa altura, Sevcenko, dando profundidade histórica aos dados aqui apresentados, mostra a surpreendente ligação entre a Grande Vitória do século XXI (onde realizamos nossa pesquisa) com a São Paulo dos anos 1920, numa demonstração de como os automóveis e as pessoas passam e mudam, mas os estilos ficam: "Os atropelamentos são diários e múltiplos, especialmente envolvendo anciãos e crianças." Para ele, como para nossos informantes, isso era devido à ausência de representação dos pedestres na Câmara Municipal e à falta de leis que reprimissem os maus motoristas com criminalização e multas. A atual epidemia de desastres já se configurava naquela época. Sevcenko atribui esse estilo ao "passado escravista que associava necessariamente as posições de poder com o exercício da brutalidade". Brutalidade que tem a ver com a junção entre igualdade republicana de superfície a uma antiga e forte matriz hierárquica, aristocrática. Ver *Orfeu extático na metrópole: São Paulo, sociedade e cultura nos frementes anos 20*. São Paulo: Companhia das Letras, 1992 (p. 73 e seguintes). Em estudo igualmente importante, o historiador Marcos Luis Bretas revela como tais condições se reproduzem no Rio de Janeiro da mesma época. No Rio, então centro do mundo social e político do Brasil, as ocorrências envolvendo veículos motorizados passam de 151 casos em 1909 para 495, em 1925. Ver *Ordem na cidade: o exercício cotidiano da autoridade policial no Rio de Janeiro: 1907-1930*. Rio de Janeiro: Rocco, 1997.

3 O livro e a pesquisa de Neuza Corassa, no qual o carro é, entre outras coisas, lido como uma metáfora e uma extensão da *casa*, trabalha bem esse aspecto. Veja-se *Síndrome do caracol – Seu carro: sua casa sobre rodas*. Curitiba: Juruá Editora, 2006.

4. O carro é o motorista

No mundo moderno, o carro é um instrumento de liberdade e de autonomia. Ele iguala e produz a onipotência de uma ilimitada mobilidade. Com ele, pensamos poder frequentar rapidamente qualquer espaço, sem as restrições de horário e, até mesmo, de tempo. Uma viagem que de ônibus demora quatro horas pode ser drasticamente reduzida pelo automóvel. Ademais, relativamente e, sobretudo, por contraste aos transportes coletivos, o carro produz uma individualidade insuperável. No caso do Brasil, em virtude da ausência de um sistema de transporte coletivo razoável, essa individualidade é vivida como sinal de sucesso e, sobretudo, como sinal de superioridade social. Ela confirma de modo dramático que o transporte personalizado por meio do carro que protege produz rapidez, infunda o medo e o respeito, e diz algo sobre quem é o seu dono. Trata-se de um modo obviamente desejável, porque superior, de estar ou ir para a rua. Num sentido preciso, já mencionado, o carro permite realizar o ideal de ter a *casa* na rua e na estrada.

Se, então, num ônibus, existe a necessidade de conformar-se a um grupo frequentemente percebido como *mal-educado*, *inferior* ou *mal-apresentado*, no carro pode-se desfrutar de uma individualidade voluntariosa que confere status e o sentimento correspondente, o sucesso. Os comuns ou o *povo* andam em transportes coletivos e estão sujeitos a atrasos e a uma viagem sobre a qual não têm controle, bem como a assaltos e a presença de outras pessoas, mas os *bacanas* e os *ricos, andam* – como falamos coloquialmente – de carro.

Não deixa de ser curioso, e esse será um aspecto a ser visto nos próximos itens, que o automóvel tenha sido reinventado como um instrumento de nivelamento nos Estados Unidos, mas que, no Brasil, tenha ficado muito mais marcado como um elemento de distinção, indicando uma intrincada escala de inferioridade ou superioridade social. Superioridade no que diz respeito ao transporte coletivo; inferioridade relativa quando cada condutor de carros compara seu veículo com o dos outros, algo que faz todas as vezes que está na rua ou na estrada. Pois um mesmo carro pode ser inferiorizado (ou visto como superior) quando tem um amassado na porta, faróis que não funcionam, lanternas quebradas ou está simplesmente sujo. Qualquer marca ou sinal pode inferiorizar (ou elevar) o veículo que entre nós – tal como ocorre também na Índia, no México, no Peru e nas Filipinas – é sempre *vestido* pelo dono por meio de pinturas, distintivos e objetos singulares, indicativos de quem é seu condutor.

As entrevistas – e, sobretudo, os grupos de discussão – revelam uma dialética complexa entre o carro e o motorista. O carro constrói, mas é, em contrapartida, construído pelas pessoas. Num sentido sociológico mais claro e preciso, pode-se dizer que, como todos os objetos culturais ou sociais (e até naturais), o automóvel ajuda a transformar indivíduos em pessoas, dando-lhes um sentimento de singularidade e de história, de sucesso e de superioridade (ou fracasso) social, na medida em que igualmente se transforma e *vira*, como falamos no Brasil, uma coisa nossa: meu carro, como eu, deve receber um tratamento fundado na simpatia e no respeito. Quando isso acontece, os automóveis passam a ser parte integral de nossas personalidades, perdendo o anonimato que os impessoalizava quando foram fabricados (junto a milhares de outros veículos) e, como o *nosso toyotinha*, o *nosso fusquinha* ou a *nossa lata-velha*, entram no espaço da família e no afeto que dela se espera.

No processo, eles ganham a singularidade, que é uma projeção e uma confirmação de nosso modo de ser e estar neste mundo[1]. Não é, pois, por mero acaso, que as pessoas "adoram" o carro – que por sua marca (e emblema), estilo, ano de fabricação, mecânica, cheiro, barulho e câmbio é o veículo de uma experiência estética e moral básica. E, para além disso e mais profundamente, o carro é uma prova de que as pessoas existem concretamente no mundo como proprietárias de personalidades que, além de terem emoções e sentimentos abstratos, se afirmam material e indiscutivelmente nos objetos e por meio das coisas que possuem.

Um sujeito comprova definitivamente seu sucesso quando compra um Mercedes, um Volvo ou um BMW de última geração. Dentro deste automóvel, sente-se duplamente brindado e blindado. Primeiro porque sabe que a blindagem é uma necessidade que comprova seu nível de prestígio como eventual objeto de troca num regaste; depois porque o carro dá testemunho de seu enorme sucesso financeiro, simbolizando que ele é, realmente, um *vencedor na vida*; que é poderoso e, como gostamos de dizer, que *está muito bem*. Quando legislamos sobre carros, estamos interferindo em condutas de pessoas concretas que vivem e morrem por meio dos veículos que possuem e que, em parte, ajudam a realizar essas condutas.

Essa relação é tão importante que a função de locomoção do carro fica em segundo plano, pois a admiração pelo objeto e pelo que ele simboliza e representa acaba sendo superior às suas eventuais qualidades como um instrumento de transporte. Os meios, como acontece nos rituais, englobam e subordinam os fins. Assim, um carro comprado para facilitar o transporte não é escolhido somente em função de seu consumo ou tamanho, mas do prestígio que goza como símbolo ou totem de superioridade e sucesso pessoal. Para a maioria dos motoristas entrevistados, carro e moto são sinônimos de liberdade. Mas essa liberdade, em relação ao carro, não se refere apenas à possibilidade de ir e vir com rapidez. Ela vai além disso. É uma sensação que se confunde com a realização de um sonho ligado ao rompimento momentâneo e eventual das amarras que prendem de modo irremediável todo brasileiro à sua casa e família. Esse rompimento, que concretiza a autonomia e a liberdade, se faz também pela capacidade de dirigir bem, ou seja, de ocupar rapidamente os espaços vazios, de entrar em brechas entre os outros veículos aproveitando as oportunidades. Em suma: agindo como um cidadão rápido, oportunista, quase sempre malandro, como manda essa síntese de hierarquia com igualdade que é o centro ainda não definido ou resolvido de nossa vida social.

Como uma peça da casa (e da família: do pai ou da mãe), o automóvel se distingue como um objeto singularmente ligado à liberdade e à autonomia individual. Se o banheiro permite o isolamento e uma experiência importante de individualização e de distanciamento dos controles da família, o carro permite uma saída e um desligamento físico (concreto e espacial) do grupo de sangue e de carne. Ele ajuda a experimentar e, até mesmo, a colocar-se contra a casa, desobedecendo conscientemente aos pais ou mentores, pois o ato de dirigir sugere a individualização e os modos de condução singulares, próprios de cada motorista. Esse poder de desligar-se e de sair do campo de controle dos mais velhos é uma dimensão da representação do automóvel no Brasil.

De fato, quando as pessoas falam do ato de dirigir, enfatizam uma solidão positiva, ligada à volúpia da independência (ou da independência como volúpia, algo próprio de um sistema que quer e não quer a autonomia) acentuada pela velocidade, bem como à possibilidade de experimentarem o que são (ou querem ser). Daí a menção à música que podem escutar a seu gosto quando dirigem; ou da competição que podem experimentar quando se revelam estranhas para si mesmas, rompendo com os papéis de obediência que têm em suas casas e posicionamento familiar. Nos acidentes, é comum essa surpresa com atitudes assumidas de modo abrupto e semiconsciente no volante, quando o motorista escapa do bom comportamento e compete até o ponto de provocar um acidente com o motorista da frente ou do lado, visto como seu inimigo e desafiante, jamais como seu cocidadão.

Objeto de desejo

A pesquisa revela claramente que o motorista vê o carro como objeto de desejo. Mais do que buscar comodidade e praticidade, uma pessoa compra um carro para realizar um desejo. Quando os motoristas falam sobre o processo de dirigir, voltam-se para esse sentimento e acentuam que dirigir se torna um prazer, independentemente das condições em que isso ocorra. Isso se reflete no trânsito do seguinte modo: apesar da consciência e do sentimento de incômodo com os problemas do trânsito, essas questões não chegam a abalar sua relação com o carro e com as implicações decorrentes do ato de dirigir. Por isso, para atuar diretamente na forma de conduzir, parece ser necessário desmistificar o carro, tirar ou diminuir a áurea de sonho que o encobre e reveste de múltiplos significados, o que vai além de sua função de transporte. Se o carro é um sonho e se o sonho é uma prova de ascensão social, então o carro não faz parte deste mundo real de indivíduos iguais que têm o direito de transitar nas ruas, conscientes – por outro lado – não do dever de obedecer às regras do trânsito, mas de um mundo onde os superiores podem (e até mesmo devem) deixar de seguir as regras porque não são *otários* ou pessoas comuns.

Essa atitude difere da dos motoristas de ônibus e caminhão, que têm consciência plena e constante de que dirigem veículos cuja função coletiva e instrumental supera em muito suas qualidades estéticas e expressivas. Eles sabem que ser motorista de tais veículos é um *ganha-pão*. Como profissionais, têm consciência de que o dirigir é algo primordialmente obrigatório que, em princípio, exclui o prazer. Daí a ênfase dada pelos motoristas de carros de passeio ao lado emocional e prazeroso do ato de dirigir, o que leva a abusos e excessos (dirigir embriagado, realizar pegas e praticar imprudências). Já os motoristas profissionais, mesmo os taxistas, enfatizam o lado profissional, responsável, correto e ideal de dirigir como algo relacionado ao seu trabalho e sobre o qual não têm escolha. Note-se, ademais, que os motoristas de ônibus e taxistas revelam uma aguda consciência de que dirigem para outras pessoas, o que os faz conscientes das questões ligadas a trabalho e tudo o que vem com ele, sobretudo a segurança.

Se, portanto, o motorista particular vive o ato de dirigir (ou *pilotar*) como algo compacto, intrinsecamente ligado a sua personalidade, estilo de vida e prazer, os condutores de veículos coletivos e os profissionais do trânsito separam o dirigir de suas pessoas, pois têm consciência de que, quando estão no comando de um ônibus, táxi ou caminhão, realizam um trabalho: vendendo uma habilidade sem a qual perdem sua posição no mercado e na sociedade. Isso inibe, o que não impede, o uso de seus veículos como instrumentos de competição e liberação dos laços primordiais que os ligam à casa e à família, como é muito mais comum com os condutores de veículos de passeio.

Deve-se notar, entretanto, que todos falam que a agressividade, bem como a ausência de obediência às normas, a presença de ruas esburacadas, sinais defeituosos, inexistentes e quebrados, sem deixar de mencionar que a *falta de educação* generalizada dos outros motoristas, tudo isso faz com que o ato de dirigir tenha se tornado um fardo tanto em Vitória quanto em outras cidades investigadas.

Uma dimensão especial da relação entre o carro e o motorista é o significado cultural da chamada *carteira de motorista*, o documento que dá direito a dirigir e também distingue as diversas capacidades e privilégios para conduzir certos tipos de veículos no universo em consideração. Aqui vale a pena chamar atenção para dois dados importantes. O primeiro é que o valor da carteira é certamente maior para os motoristas profissionais, os quais, inclusive, fazem rigorosos testes para obtê-la. Sua revogação, suspensão ou perda acarreta danos profissionais e materiais. Tal consciência do valor deste documento, como seria de esperar, não é tão aguda entre os motoristas particulares, que, pelo contrário, às vezes se vangloriam de *andar sem carteira*, como um exemplo aristocrático de desafio às autoridades constituídas. O segundo valor fala do modo pelo qual os motoristas aprenderam a dirigir, primeiro passo para obter a carteira. É curioso e incisivo notar que a grande maioria aprende a dirigir informalmente, com algum familiar, "no carro da casa". Tal tipo de aprendizado conduz, sem dúvida, a uma visão totalmente elástica, quando não plena de ignorância, no que tange às normas gerais do trânsito. Por outro lado, esse modo informal e familístico de introduzir os mais jovens na condução de automóveis impede a internalização de limites porque se faz à base de paciência, leniência e tolerância – marcas das relações vigentes na casa brasileira. Em vez da correção rígida, como ocorre com um instrutor cuja distância para com o aprendiz facilita e demanda um constante apontar de erros, temos um estilo de aprendizado no qual os acertos, a habilidade, o *jeito* e a competência são mais enfatizados que os erros. Mas isso não é tudo. Uma segunda consequência desse padrão pedagógico é a passagem de hábitos que o instrutor inevitavelmente transmite para o aluno. Assim, se o pai-instrutor tiver um estilo de dirigir agressivo, seu filho (ou filha) irá com certeza reproduzir esse estilo. Erros, hábitos de imprudência e de esperteza diante da lei, assim como competição ao volante, passam de uma geração a outra, consagrando um estilo cultural que impressiona quando devidamente investigado.

Por outro lado, esse modo informal de aprender a dirigir diminui o valor da carteira como um certificado de habilitação, pois quando se vai buscá-la formalmente, junto aos Detrans, a pessoa já está habilitada e a carteira serve apenas como um instrumento legitimador de uma habilidade já adquirida e consumada. Seria preciso uma campanha para redefinir o papel da carteira como uma habilitação que fornece privilégios e obriga a uma série de responsabilidades, algo que a pesquisa demonstra estar longe da grande maioria dos informantes entrevistados.

O papel do motorista

A pesquisa aponta para um dado que tem passado despercebido nos inquéritos sobre trânsito no país e no resto do mundo. Trata-se de um fato óbvio, exemplificado pelo corriqueiro *pé na tábua* – aquela parte do adágio nacional que modela o ato de conduzir um veículo expresso no *fé em Deus*. Realmente, se *fé em Deus* se aplica a todos os atores do espaço público, pois não há quem dela não dependa, o *pé na tábua* diz respeito somente a quem possui ou pilota um veículo motorizado. Mas o adágio, como as peças de propaganda, nos faz perder de vista sua profunda realidade. Que realidade é essa? Ora, é a que nos revela o óbvio ululante e escondido: o motorista (confiante no pé na tábua) que desrespeita a lei, e eventualmente causa o acidente, nada mais é do que o pedestre que jamais foi treinado para obedecer aos regulamentos de sua sociedade. Quem tem fé em Deus é aquele mesmo sujeito que, sem dó ou piedade, enfia o pé na tábua. Para tanto, basta – e essa é uma revelação importante do inquérito – com que pedestre e motorista troquem de lugar. Pois se ambos não têm uma visão democrática e, mais que isso, razoável das regras e da necessidade de sua obediência para que uma sociedade de iguais possa funcionar de modo adequado, então basta que o pedestre passe a dirigir um carro para que, como o Pateta, incapaz de matar uma mosca do filme educativo produzido do Walt Disney, se transforme num monstro. Pedestre e motorista, como esquerda e direita, governo e oposição, são feitos de um mesmo estofo cultural. Para vê-los como iguais basta que se lhes dê um carro ou o poder.

O que falta internalizar, mais do que ouvir, vociferar, criticar e repetir, é o respeito e a obediência à lei em função do Outro – do cocidadão que conosco compartilha, como um igual, do mesmo espaço público –, e não apenas pela lei em si ou pela autoridade que a representa.

O cidadão deve obedecer à lei tanto dentro de um veículo, quando está investido na função de operador, quanto quando está fora dele. Numa sociedade igualitária e democrática, esse é um ponto crítico, pois o veículo é mais um cidadão ao lado de outros veículos, que, na paisagem e no contexto do trânsito, são igualmente cidadãos e não apenas máquinas. Essa passagem de *cidadão a pé* para *cidadão motorizado* não foi discutida ou sequer compreendida em profundidade pela sociedade brasileira, que ainda desenha o papel do motorista enfatizando direitos e privilégios e, aristocraticamente, esquecendo deveres e responsabilidades. Deste modo, segue-se, mais uma vez, o código das hierarquias e se confunde a "licença" (ou a *carta*) para dirigir um veículo motorizado com um emblema de superioridade social. O resultado dessa atitude é que o indivíduo-cidadão investido do papel de motorista julga-se com muito mais direitos do que seu companheiro de espaço público (ou de *rua*) que está a pé, quase sempre invisível para quem está dentro dos veículos. Pior que isso, muitas vezes é percebido como um obstáculo e um atrapalhador sem direitos. Quem está verdadeiramente (in)vestido ou armado pelos seus veículos e licenças legais toma, sem nenhuma discussão ou problema, os pedestres como adversários e obstáculos à sua trajetória. O motorista teria todos os direitos, enquanto que os pedestres só deveres, sendo o principal o de não atrapalhar o trajeto e o movimento livre dos carros.

Temos, então, por um lado, os motoristas (que enfiam o pé na tábua), que se pensam como tendo somente privilégios e direitos; e, por outro, os pedestres (englobados pela fé em Deus), vistos como subcidadãos cujo atributo é ter um conjunto de deveres ou obrigações. Neste sentido, fomos tão longe em nosso descaso com qualquer compromisso com a igualdade como um dever (e um direito) de todos, que os motoristas têm o privilégio de ocupar as ruas usando-as como bem entenderem, assim como as calçadas e praças. Em outras palavras, em nossa malha urbana, eis um outro fato óbvio que também deve ser trazido à luz da razão: o cidadão-pedestre não tem lugar ou vez nas calçadas ou praças. Isso esclarece por que todos *precisam* de um veículo motorizado no Brasil. É que ele não é apenas um meio de incrementar o conforto, diminuir o tempo e encurtar distâncias. Não! É, acima de tudo, instrumento de ampliação do espaço da pessoa social dos seus donos, tornando-os fortes, fazendo-os visíveis e dando-lhes o ingresso ao clube dos privilégios: dos que têm um carro e com isso podem usar o espaço público a seu bel-prazer.

Quando os motoristas capixabas e brasileiros culpam o Detran, as estradas e até mesmo os carros pelos acidentes e o caos do mundo urbano, eles estão, num sentido preciso, eximindo-se e escondendo sua responsabilidade. O fato crítico, revelado pela pesquisa, é que o motorista assume seu papel como dotado de indiscutível superioridade, confirmando inconscientemente o sistema de gradação hierárquica que articula a sociedade brasileira como um todo. Assim, se na casa existe uma escala de importância que vai de dentro para fora, dos fundadores para os empregados e eventuais visitantes e entregadores, na rua há a tentativa de criar uma escala que vai dos condutores de *veículos de passeio* ou *particulares* (que seriam o elemento central do trânsito), passando pelos profissionais do trânsito (os condutores de táxis, ônibus e caminhões) e chegando, finalmente, aos mais inferiores: os transeuntes ou pedestres – que *estão a pé,* na posição mais humilde e subordinada do sistema. Qualquer observador atento verifica que os pedestres estão abaixo até mesmo dos aparentemente desprotegidos ciclistas, que se sentem no direito de circular pela contramão e, volta e meia, os atropelam.

Curioso, mas significativo, que ainda se fale em *carro de passeio,* quando, de fato, a grande maioria dos veículos particulares atue hoje como meio de transporte fundamental nas cidades, não tendo nada mais a ver com o tal *passeio* que o qualificava em outros tempos, quando *passear de automóvel* era um modo de distinguir segmentos sociais e legitimar posições de prestígio no mundo da rua, por meio de um instrumento moderno – o carro – que, curiosamente, nasceu como um elemento de nivelamento e de liberdade[2]. Depois dos carros de passeio, dominantes em nosso sistema de classificação de veículos, são mencionados os táxis, que servem também como instrumentos de distinção social. Em seguida, temos os ônibus e, finalmente, os caminhões, que são inferiorizados como trapalhões nas cidades, mas, como compensação, são os *donos* das estradas.

Tamanho, força, poder, preço, beleza, limpeza, conservação – tudo enfim que, no Brasil, se traduz como *aparência* determina um sistema no qual o condutor do veículo tem um lugar central no trânsito e, o pedestre, um lugar secundário e inferior. Acresça a isso a agressividade no modo de dirigir, que iguala, pelo estilo, todos os condutores. Em outras palavras, o motorista tem o direito, se não a obrigação tácita, de usar o *Você sabe com quem está falando?* contra todo mundo e, principalmente, contra os pedestres. Estes, escorraçados para o poço profundo da cidadania à brasileira (que, neste nível, só contempla deveres), só podem mesmo usar do *jeitinho*, que muitas vezes, e como consequência de sua predisposição ao risco, os leva aos hospitais e aos cemitérios.

Finalmente, cabe assinalar que o motorista tem como expectativa de conduta a agressividade, o *fazer a gambiarra*, o aproveitar-se de situações que o façam ganhar tempo e chegar primeiro. Dono de um estilo de dirigir aristocrático, inspirado implicitamente no modo de ocupar o espaço público realizado por dona Carlota Joaquina, os motoristas primeiro avançam (ou *entram, se enfiam* e *metem a cara*) e agridem (ocupando o espaço abruptamente, revelando coragem – como que mostrando quem são) para depois do teste, e dependendo da reação dos outros, parar e aguardar a vez. É raro, apesar e a despeito da arenga que fala em *educação no trânsito*, testemunhar o estilo defensivo de dirigir, modo de conduzir veículos que pensa mais no outro e, com isso, evita acidentes e conflitos. Em qualquer campanha, deve-se levar em conta que o tal *estresse* que obriga a ultrapassar, cortar, fechar, etc. não decorre de problemas psicológicos universais, mas é um modo de competir e tentar estabelecer (ou reconstruir) uma hierarquia arriscada e passageira, num espaço marcado pela igualdade.

A esses traços soma-se o fato de que o motorista pertence ao mundo da rua e que a rua, como já salientamos, é o espaço não só marcado pela velocidade das trocas, dos olhares, das imagens e dos gestos, mas é o lugar dinamizado pela *pressa*, pela rapidez como fruto do *movimento* que, no Brasil, está relacionada à modernidade e ao *Deus nos acuda* que certamente legitima e justifica o excesso de velocidade, citado por todos os informantes como uma das infrações mais corriqueiras entre os motoristas capixabas. Isso é particularmente claro, pois é tomado como um traço de seu estilo de dirigir (ou *pilotar*, como dizem). Por exemplo, os motoboys, motociclistas que em todas as cidades brasileiras desenvolveram um estilo de estar no trânsito marcado pelo risco e pela imprudência justificada como *jeitinho* ou *malandragem* e, mais que isso, pela necessidade de trabalhar. Se juntarmos as noções de superioridade dos motoristas que dirigem os veículos mais rápidos com a expectativa de que a rua é o local da pressa e da rapidez, à ideia – exaustivamente colhida na pesquisa – de que o brasileiro é o melhor motorista do mundo, temos a mais perfeita fórmula para essa epidemia de acidentes que tanto nos preocupa e envergonha.

Notas

1 Para um estudo pioneiro (e eu diria clássico) dessa passagem do impessoal ao pessoal, e do papel que a publicidade desempenha nessa transição, ver Everardo Rocha. *Magia e capitalismo: um estudo antropológico da publicidade* (São Paulo: Brasiliense, 1985). Nesse trabalho, ele mostra como um processo especial, realizado pelas peças publicitárias como dramas, transforma um monstro que vai sendo montado

pouco a pouco num objeto acabado, totalizado, dotado de personalidade e pronto para receber vida, quando uma pessoa o liga e coloca em funcionamento, dando-lhe uma *alma*, que o tira da avassaladora e inumana impessoalidade da fábrica onde ele é um entre milhões. Na passagem do carro, na venda do adorado *carrinho*, que tem nome e pertence à família, existe uma mediação publicitária. Ela é o elo destas humanizações de objetos industriais e/ou naturais que, a rigor, não existem como tal, pois tudo o que está no mundo é humano.

2 Como é recorrente na História da tecnologia moderna, um europeu inventa alguma coisa, mas quem a torna instrumento da vida como objeto indispensável de bem-estar e conforto são os norte-americanos; ou melhor, a igualdade e o nivelamento que vêm com a novidade (que, uma vez implementada em larga escala, cria seus gigantescos e insolúveis problemas) estão inscritos no credo dos Estados Unidos. Assim, os carros tiveram trajetórias paralelas na França, Alemanha e Estados Unidos, até que este país (responsável pela implementação da igualdade como ideal e valor em todos os setores da existência) inventou o complexo automotivo; ou, como diz James J. Flink, num livro clássico, uma *cultura do carro*. Um sistema que tinha como centro o transporte individual, mais do que adequado para uma sociedade de indivíduos cujo valor maior era a mobilidade como expressão da igualdade e da liberdade não apenas de protestar ou atrapalhar, roubar, atrasar, voltar atrás e interromper (como ocorre entre nós), mas de ir e vir de modo rápido, confortável e seguro. Em *The Car Culture* (Cambridge, Mass.: The MIT Press, 1975), o citado autor desvenda como os automóveis substituíram rapidamente os cavalos nas grandes cidades americanas e, por volta de 1920, já tinham se transformado no meio de transporte do país. Nesta mesma década, quando cerca de 135 mil pessoas dependiam do automóvel, começou a vir à tona os problemas dos cuidados na direção.

5. Os motivos da loucura: um esboço de análise comportamental

Um esforço no sentido de ver a situação como um todo revela a dificuldade de lidar com um mundo no qual ninguém sabe ou quer saber quem é o *outro*, que deve ser sempre superior ou inferior, jamais um igual. Somos treinados para ver os conhecidos como *pessoas* dignas de respeito e compaixão. Todos os *conhecidos* se espalham e se classificam numa escala que vai do mais próximo (e querido) ao mais distante (e indiferente ou odiado). Fora desse círculo existem os superiores (dignos de medo e respeito) ou inferiores (indignos de respeito, *ignorantes* e, por isso, incapazes de nos compreender). Disso decorre que podemos ser submetidos à vontade (ou pedido) dos superiores e, em contrapartida, submeter à nossa vontade os inferiores. A questão é como aplicar essa norma geral num contexto como o trânsito (e a *rua*), quando o número de atores, carros e processos nos quais estão envolvidos ocorrem em segundos. Ou seja, como fazer com que o sujeito do carro ao lado compreenda nossa superioridade quando ele provavelmente espera o mesmo de nós. O fato concreto, reiteramos, é que o trânsito põe a nu nossas receitas hierárquicas e sua inaplicabilidade no mundo moderno, o qual, obviamente, começa e tem uma presença marcante e irrecorrível nas vias públicas. Nestas, a modernidade exerce uma pressão cada vez maior em direção à igualdade e a um reconhecimento mútuo universal, sobretudo depois do advento do automóvel e do transporte público de massa.

Tal constatação nos leva a uma reiterada e inevitável discussão daquilo que, para nós, é certamente a maior contradição da vida moderna brasileira. O encontro complicado, que já chamei de *dilema*, de um espaço público construído como igualitário, mas sobre o qual condutores de veículos e pedestres atuam com expectativas hierárquicas. Um palco desenhado para cidadãos que, entretanto, nele atuam como aristocratas.

Disso resulta a insegurança de não se saber se a prevalência será de um processo que contemple a pessoa, suas relações e seu veículo, reafirmando a desigualdade como norma; ou se irá predominar o princípio da igualdade, que, teoricamente, deve valer para todos. Esse *vamos ver* que usamos nos tantos casos em que alguém é denunciado revela o conflito estrutural entre a lei que manda punir o crime e – eis a questão – quem o cometeu. Pois, de acordo com o ator, a lei entra em causa, colapso, suspensão e até mesmo esquecimento. O *vamos ver* é a dúvida do resultado final, qual seja: se o sujeito (por seu capital político e social) vai englobar ou subordinar a lei em sua pessoa ou se vai ocorrer o contrário.

Deixemos, entretanto, de teorizações. Tomemos a questão de modo concreto: quatro carros pararam simultaneamente numa encruzilhada. Cada condutor viu perfeitamente bem os outros veículos. Quem deve seguir em primeiro lugar? Ou melhor, quem deve *ter a vez*? Nas sociedades igualitárias, a regra (internalizada por todos e vista como algo *natural*, impressa no DNA cultural e ideológico de cada um) manda seguir a regra básica do *quem primeiro chega é o primeiro a ser servido ou atendido*. Como decidir, no caso brasileiro? Aqui a regra certamente é conhecida e levada em conta, mas também é atravessada por éticas relacionais e normas hierárquicas que asseguram uma igualdade condicionada ao ator (com suas motivações) em questão. Devo, então, seguir em frente porque cheguei primeiro e, ademais, meu carro é o mais caro? Ou porque vou para o trabalho, enquanto os outros estão obviamente sem *fazer nada*, indo para a praia? Devo passar porque aquele idiota, pensando que é o mais importante, adiantou seu carro e vai em frente de qualquer maneira, forçando a barra? Nesse caso, devo lhe dar uma boa lição mesmo correndo o risco de um acidente ou conflito? Mas e se ele for uma pessoa poderosa; ou um amigo de um grande amigo? Como resolver o problema? Mais: como fazê-lo em segundos? Como *chamar a polícia*, pois trata-se de um *caso de polícia*, ou seja, de uma questão na qual a sociedade e suas normas estão em óbvio conflito?

O fato concreto é que nós não aprendemos a resolver essas questões porque o que realmente sabemos é que esse outro dentro do carro ao lado é um desconhecido. Por isso, ele deve ser – axiomaticamente – situado como inferior (ou superior), até prova em contrário. Diante dele, as normas gerais somem ou são absorvidas pela situação que deve ser solucionada pessoalmente. O resultado final do conflito entre o padrão hierárquico (que busca e sabe das diferenças entre pessoas) e o igualitário (que as desconhece, não precisa conhecê-las e, mais que isso, deve desconhecê-las, senão não poderia ser igualitário) é, até hoje, um enigma no caso do Brasil. Dizer que jamais sabemos o resultado é um exagero. Mas afirmar que quase sempre ficamos em dúvida entre respeitar o sinal ou simplesmente reconhecer que temos a capacidade de estruturar a situação pessoalmente é, sem dúvida, afirmar a verdade. De fato, como identificar a lei que projeta sua sombra sobre o cidadão se no mundo diário aprendemos que o rompimento da lei leva certamente a um inquérito ou escândalo ao mesmo tempo em que conta quem foi que com ela rompeu? Se foi um sujeito comum (isto é, uma pessoa sem amigos ou relações), temos uma expectativa; se foi um amigo do presidente da República, falamos o tal *vamos ver* para logo depois concluir o mais desanimador e conhecido: *não vai dar em nada*.

É por isso que as encruzilhadas entre pessoas, normas e carros nos paralisam e, ao mesmo tempo, são mágicas. Num caso, deve-se dar passagem para o carro novo e mais caro; no outro, passa-se com a humilde bicicleta, porque o motorista do carro de luxo, estando de bom humor, resolveu *respeitar* (como falamos usualmente e de forma sintomática, esquecendo o verbo *obedecer*) o sinal. Não se pode estranhar, então, que seja tão complicado apurar e apontar responsabilidades nos acidentes. É que, com tal duplicidade de normas, a culpa será sempre a da regra que ficou de fora. Realmente, como não se sentir inocente quando se passou direto pelo sinal fechado, atropelando um ciclista negro e pobre? "Era ele, seu guarda, quem deveria ter parado" pelas normas tradicionais da hierarquia. "Será que ele não viu meu carro e percebeu que eu (como autoridade responsável) tinha uma boa razão para desrespeitar o sinal, pois tinha que tomar um avião para Brasília, onde ia me entender com o ministro?" O ciclista, depois de ter saído do hospital, dá sua versão: "Eu apenas obedeci ao sinal, que, verde para mim, mandava seguir em frente. Claro que vi o *doutor em seu carrão*, mas pensei que ele tivesse me visto e que ia parar. Confiei e me fodi!"

A sociabilidade (e a sensibilidade) oscilante entre hierarquia e igualdade, holismo e individualismo (tomar a pessoa ou a lei impessoal como o fator proeminente em todas as situações) produz uma invisibilidade crônica. Seja dos indivíduos, seja das leis.

Quem tem razão?

Notamos, de saída, o contraste entre respeitar e obedecer. No Brasil, o *respeitar* conota opção, sendo mais indicado para quem se pensa como superior. Já o verbo *obedecer* é compulsório, sendo, portanto, muito mais adequado para quem aprendeu a se pensar ou é classificado e pensado como inferior. Afinal, no

Brasil, *manda quem pode, obedece quem tem juízo!*. Mas, eis o problema levantado por este livro, como realizar isso num ambiente tão dinâmico, anônimo e rápido como o trânsito? Como saber quem manda realmente quando dirigimos um enorme caminhão e avistamos, pelo espelho retrovisor, aquele filhinho de papai rico em seu carro zero e irritado porque quer nos ultrapassar só para mostrar superioridade? Reconhecemos a superioridade relativa, é certo. Não há como negá-la. Mas – lembramos logo – *a rua é pública* e de todos. Sendo assim, não vamos *dar passagem* e ver o que ele faz. Agora, do ponto de vista do riquinho, condutor do carro zero, o fato de a rua ser pública significa uma igualdade a seu favor. Nesta interpretação hierárquica do espaço público, o chofer do caminhão (lido neste contexto apenas como *caminhão*) tem que dar passagem. Se ele não o faz, forçamos, tentando ultrapassar de qualquer modo. O resultado é o acidente ou o conflito.

Observamos, em seguida, que o uso do verbo *respeitar*, aplicado a sinais, pessoas, pedestres e outros veículos no trânsito, revela o lado indeciso de uma sociedade que se recusa a encarar a igualdade como um princípio central da democracia e como o único valor capaz de ordenar certas situações da sociedade moderna. Dentre elas, o trânsito se sobressai como a mais frequente e, certamente, a mais exemplar. Em primeiro lugar, porque nele é impossível decidir com tranquilidade: a velocidade, uma de suas principais características, impede discussões longas e determina escolhas igualmente velozes – daí a necessidade de que as normas de governança do trânsito sejam partilhadas e internalizadas por todos os seus atores. Em segundo, porque não é simplesmente possível ter em cada esquina guarda ou agente da lei que induza à obediência e vigie a execução das normas. Finalmente, porque o trânsito obriga ao cidadão a autovigilância e o limite – uma resistência ao poder, sem a qual ele não pode funcionar de modo adequado. O contraste entre respeitar e obedecer mostra como a sociedade até hoje não compreendeu que o passo decisivo para uma democracia implica desmontar o viés aristocrático e hierárquico que permeia o sistema de modo oculto ou implícito, mas que está pronto a se manifestar em qualquer situação.

É a oscilação estrutural entre *respeitar* o sinal, o pedestre, o outro carro, a faixa, a calçada, e o *obedecer*, como ocorre em outros países e situações, que promove a visão do trânsito como sendo péssimo, caótico, tumultuado, crítico, congestionado, terrível, perturbador e demasiadamente movimentado. Tudo isso ocorrendo, como enfatizam os informantes, em estradas e ruas estreitas, cheias de buraco, não preparadas para enfrentar chuvas, sem espaço para veículos não motorizados, sem faixas para pedestres ou sinais, e com superpopulação de automóveis e outros veículos.

Pedestres e ciclistas entrevistados – ou seja: aqueles que estão na rua sem proteção alguma – tem uma visão geral do trânsito como algo catastrófico. Para eles, a ideia de mudar é muito complicada, se não impossível, porque é realmente densa e complexa a compreensão desse sistema marcado pela confusão entre igualdade e hierarquia. Entre a visão popular, segundo a qual obedecer é um sinal de inferioridade, e a visão aristocrática ou de elite, para quem o desobedecer é uma rotina que define os superiores e mandões, reside a indecisão e a impunidade como valores fundamentais do sistema.

Por que enlouquecemos

A rua está repleta de veículos que buzinam com e sem razão, avançando agressivamente uns sobre os outros e trafegando desordenadamente no pico do *movimento*, e de pedestres apressados que fazem o mesmo. É então adjetivada como *caos* precisamente porque ninguém aprendeu a se comportar de modo igualitário quando está nela. A saber: esperando, cedendo a vez, aguardando plácida e confiantemente seu momento de trafegar e, acima de tudo, tomando conhecimento e calculando com tranquilidade a presença e o movimento do outro. Numa sociedade marcada pelos manuais até hoje não conscientizados de hierarquia, quem toma conhecimento e dá passagem para outro, esperando sua hora e vez, é sempre o boboca, o palhaço, o paspalho ou o inferior. No Brasil, quem cede igualitariamente a vez está errado e é sempre admoestado por buzinadas e xingamentos de todos os motoristas. No regime aristocrático, que caracteriza o uso do espaço público no país dentro ou fora dos veículos, a conduta das pessoas é marcada pelo ato de ignorar os outros e por uma apropriação do espaço como se este fosse propriedade privada – daí o habito de andar sem olhar para frente, esperando que os outros facultem graciosamente a passagem.

Ora, é exatamente isso que está por trás das percepções de caos do mundo urbano brasileiro. Um mundo onde não se sabe bem se a obediência é devida ao sinal ou a alguma imagem de inferioridade representada pelo condutor do carro ou pelos pedestres que surgem como pobres, mulheres, velhos ou negros e, por isso, não merecem passagem ou cordialidade. Como regular decisões imediatas a serem tomadas em segundos, como disciplinar o fluxo de pedestres e veículos numa esquina movimentada, numa sociedade que oscila entre o respeitar e o obedecer às normas inscritas nos sinais? Até hoje nos balizamos tanto pela igualdade quanto pela hierarquia. Os pedidos recorrentes de mais fiscalização, jogando sobre o poder público (e tirando dos ombros de cada um de nós) o cumprimento das normas, são uma prova desse oscilar. A presença do guarda de trânsito faz nascer as atitudes igualitárias; sua ausência, entretanto, traz de volta a ideia do mais ou menos, da gradação e das velhas precedências hierarquizadas.

Tirando os notórios e estigmatizados motociclistas, que consideram, por motivos que falaremos a seguir, o trânsito como sendo *bom*, todos se referem ao espaço público do trânsito como uma área de perigo, o que promove uma atitude de suspeita e desconfiança. Essa atitude, no entanto, não se manifesta em forma de prudência, conformidade e confiança nas regras e nos outros cidadãos, mas se exprime por um estilo agressivo e hierárquico de tentar fugir ou *sair*, como falamos coloquialmente, a qualquer preço, da situação. Percebe-se uma impaciência crônica movida a raiva e indignação quando se é obrigado a esperar no trânsito. De onde vem esse sentimento que motiva e justifica atos agressivos e antissociais?

Se as ruas são de todos os que existem como cidadãos numa cidade, por que ficamos *nervosos, impacientes, indignados* e *estressados* quando um deficiente cruza um sinal andando vagarosamente, ou quando ficamos *presos* num engarrafamento? Essa exagerada negatividade nasce do sentimento de superioridade, de acordo com o qual todos devem nos compreender e respeitar, mas a recíproca não é absolutamente verdadeira. Se nosso carro enguiça e promove um congestionamento; se encontramos um velho amigo dirigindo ao nosso lado e com ele batemos um papo; se paramos na porta da escola para que nossos filhos entrem de forma segura no colégio, nada disso tem problema. De fato, se os outros não existem ou são invisíveis, se não estamos atrapalhando ninguém, mas realizando algo normal (e legítimo), qual o problema? Mas, se invertemos a situação, não escondemos nosso ressentimento quando ouvimos o buzinar que chama nossa atenção para o abuso. Daí nossa indignação com a *falta de educação* dos reclamantes, que deveriam compreender e esperar – não por sua vez, mas por nós. Quando nos transformamos no outro, tudo muda de figura, pois nos revelamos em nossa brutal e desagradável impaciência.

A ausência de paciência, a pressa – amigas da imprudência e irmãs do acidente – fazem parte, como todos indicam, do estilo brasileiro de dirigir. Elas traem a consciência e a incapacidade para negociar cordialmente, revelando a ausência de treinamento e a total incompetência do informante para realizar aquilo que é trivial (e básico) numa sociedade igualitária: situar-se no lugar do outro; trocar de lugar com o companheiro de rua e de trânsito em nome – não de simpatia, amizade, presença do guarda ou outro elemento pessoal – de uma regra impessoal que deve estar introjetada, impressa ou internalizada dentro de cada um.

Nossa exagerada impaciência simplesmente denuncia uma visão hierárquica do mundo social. E, no entanto, eis o paradoxo que aumenta nosso *estresse*: nada podemos fazer para ultrapassar a igualdade que constrói o ambiente público no qual circulamos quando deixamos nossas moradas. Culpamos o governo e, assim fazendo, situamos fora de nós todo um processo de aprendizado de paciência (ou de internalização) que melhoraria nosso comportamento nesta área.

O resultado deste choque entre igualdade e desigualdade promove muitas saídas. No trânsito, é frequente o *salve-se quem puder*. Com isso, em vez de esperar pela nossa vez, apelamos para um equivalente do *Você sabe com quem está falando?* e tentamos ultrapassar *de qualquer jeito* – subindo na calçada sem pensar nos outros carros, sinais, faixas e pedestres; criando uma via extra ao trafegar pelo acostamento; discutindo inutilmente com os condutores dos veículos situados à nossa frente. Hierarquizamos, por conta própria e violentamente (*na marra*, conforme falamos de modo revelador), o espaço público por meio de uma ação pessoal, portanto agressiva, sem pensarmos em suas consequências. Estamos estressados com a situação que nos faz perder tempo, nos sujeita à igualdade burra, à barbeiragem dos outros motoristas ou – talvez pior – àquele carro de pobre, que *resolveu enguiçar* justo na nossa frente. Com isso, damos uma patente demonstração de superioridade irresponsável ou esperteza. Num ato agressivamente malandro, fazemos com que a norma da igualdade, que obriga a esperar, seja subordinada ao ideal paralelo, mas implícito, da hierarquia. Nossa ação se dá sob a máscara da malandragem ou da expressão rotineira *Mas eu não fiz por mal!* (cada vez mais complicada de se usar).

Tal atitude – tomada como modelo – explica as imprudências, a arrogância, a má-educação e as loucuras que agravam o trânsito nas cidades, pois leva a um clímax de irritação que desemboca em desobediência generalizada, em função do exemplo de superioridade, que contamina. Por que, perguntam-se os motoristas, devo obedecer e esperar se os outros não esperam e, sobretudo, se os motociclistas passam por mim, insinuando-se malandramente e com jeito nos espaços vazios entre os carros?

Neste ambiente, ciclistas e pedestres correm o risco do atropelamento. Realmente, em 2007, 1.470 pessoas morreram atropeladas nas rodovias brasileiras. Daí a neurose e o estresse que, como atores, racionalizamos o círculo vicioso de um trânsito caótico, quando justificamos comportamentos anti-igualitários num espaço indiscutivelmente marcado pela igualdade.

Vale, portanto, reiterar que, para nós, programas educacionais e campanhas que deixem de contemplar seriamente essa confusão e esse conflito entre igualdade e hierarquia correm o sério risco de se tornarem improdutivas, abrindo mão do ponto de vista crítico sobre o modo de trafegar no cenário social brasileiro.

Igualdade e hierarquia também nas soluções

A confusão entre igualdade e hierarquia, em seus diversos desdobramentos sociológicos, surge nitidamente em todas as opiniões e em todos os temas investigados. Até mesmo quando os informantes são questionados sobre as soluções para esse rotineiro e indesejável caos urbano do qual o trânsito é uma cristalização exemplar, suas percepções se dividem de modo desigual entre duas soluções.

Na primeira, eles falam de *fatores externos* ao motorista e ao pedestre, ações que indubitavelmente melhorariam o trânsito: mais policiamento nas ruas e estradas, mais organização do tráfego de veículos no sentido de melhor manutenção de vias, ruas e rodovias; construção de elevados, viadutos, pontes e passarelas e alargamento das ruas; criação, manutenção e localização de semáforos, bem como boa pavimentação e calçamento; criação de ciclovias. Esses são os elementos listados para *solucionar* o caos do trânsito. Muitos citam o fato de que sua cidade é pequena e que não comporta, pelo seu desenho e origem, tantos veículos. De fato, a maioria das cidades brasileiras, tendo sido comunidades marcadas pela escravidão e pela consequente ausência de animais de carga, de máquinas e veículos destinados ao transporte urbano, têm como agravante um sistema viário que não contempla o uso de ônibus e automóveis (não falemos de transporte ferroviários!), o que tem dificultado o estabelecimento de um sistema de transporte de massa adequado.

Estes são fatores externos porque se aproximam de racionalizações, confundem-se com justificativas para o caos urbano e para o comportamento que contribui para esse caos, reafirmando sua existência e, mais que isso, confirmando a impossibilidade de melhorar seu estado, exceto por medidas extremadas. Uma delas, sugerida por motoristas de ônibus, era a de simplesmente diminuir o número de carros de passeio, pois esses *outros motoristas* atrapalham o trânsito.

As soluções *externas* são importantes porque simplesmente excluem o motorista e o pedestre de qualquer responsabilidade perante o problema a ser resolvido. Ou seja: elas isentam o motorista e o pedestre como agentes ou atores importantes que participam e contribuem para o *caos urbano*. Tudo se passa como se o cidadão estivesse fora do problema que ele, como motorista ou pedestre, participa e ajuda a criar. Deste ângulo, a culpa e a responsabilidade pelos problemas do trânsito não seriam dos usuários, mas dos dirigentes ou do chamado *governo*, que não cuidam dos cenários onde esse comportamento se desenrola. Deste modo, se ocorre um acidente ou um engarrafamento, não se pode culpar o motorista – que, neste nível, faz o que pode com os resultados que vimos antes –, mas o administrador público, que não pavimenta as ruas, não cria alternativas para o trânsito, não promove transporte público e não pensa sua cidade como um agregado dinâmico de pessoas, vias públicas, sinais, demarcadores de áreas e veículos de todos os tipos.

Aqui também se percebe a presença da hierarquia, quando se observa a prioridade dada aos veículos em detrimento dos pedestres na maioria dos espaços de tráfego do Brasil. Inconscientemente ou não, o administrador prefere optar por ampliar e pavimentar o espaço dos veículos, deixando de lado o pedestre e o ciclista, sem alternativas. As justificativas oferecidas apenas confirmam a visão hierárquica, pois é sabido que quem tem veículos e maior poder de pressão faz parte do mesmo grupo dos administradores.

Fazer com que o cidadão (motorizado ou não) sinta-se corresponsável pelo que ele mesmo percebe como caos é um dos pontos essenciais de qualquer campanha publicitária que queira obter êxito.

Mas os capixabas não ficam só nesses fatores. Há um conjunto de dimensões *internas*, que têm a ver com a conduta dos motoristas e dos pedestres e que são igualmente citadas neste capítulo das avaliações e *soluções* para o trânsito.

Falamos em *fatores internos* porque eles contemplam a conduta e, algumas vezes, lançam luz sobre as motivações dos cidadãos que, dirigindo ou não, atuam no espaço público pesquisado. Aqui, ainda que ninguém se coloque frontalmente como responsável, pois todos situam as más ações sempre num outro ou nos outros, surgem sugestões que lidam diretamente com questões básicas do campo gerencial e político.

Dentre esses fatores, aparece um conjunto que acentua algo típico da sociedade brasileira: a solução pela severidade da lei, a resolução pela punição – rigorosa – dos infratores; o aumento das penas, a cassação da licença para dirigir etc. Tais fatores são importantes, mas todos os psicólogos que trabalharam a questão da obediência à lei verificaram que um dos elementos indispensáveis ao seu cumprimento não é o código em si, mas sua aplicabilidade. Mais que isso, os casos nos quais as regras se aplicam, algo que tem faltado na vida brasileira e que é uma das questões mais importantes e difíceis de resolver em nossas esferas social e política. Se, diante de um sinal vermelho, todos invariavelmente param, em qualquer hora, situação ou lugar – como ocorre nos países onde os carros param às três horas da madrugada, por exemplo –, tem-se um padrão de obediência exemplar. Mas se um motorista não obedece, ou se um guarda isenta de multa alguém em detrimento dos outros, então relativiza-se a norma, fazendo-a depender de certos contextos, particularidades ou relações. Neste caso, o sujeito abre mão da obediência usando o conhecido argumento do *se eu não fizer outro vai fazer*; ou do *se todos fazem, por que eu vou seguir a regra?*, com as consequências que todos conhecemos.

Como, então, ampliar o escopo, o rigor e, sobretudo, o cumprimento da lei, se contra isso existem antídotos sociais bem-estabelecidos como o *Você sabe com quem está falando?* e o *jeitinho*? Esses são antídotos que livram infratores conhecidos e condenam inocentes igualmente notórios. Como ampliar o cumprimento da lei como valor (e, consequentemente, o valor da lei), se existem brechas na legislação a permitir que multas sejam discutidas e suas cobranças adiadas, isso para não falar no perdão das infrações por motivos meramente eleitoreiros? Como transformar uma ordem social na qual a concepção hierárquica exime os *superiores* de responsabilidade na mesma medida e com a mesma força em que condena os *inferiores* a todas as penalidades, atribuindo-lhes uma culpabilidade na base do preconceito, como é comum em acidentes nos quais uma das partes envolvidas é uma mulher, um idoso, um negro ou um estrangeiro?

Mas, deve-se acentuar, nem tudo aqui é negatividade ou autoritarismo inconsciente. A pesquisa também aponta opiniões bem fundamentadas, indicativas de alternativas desta visão. Nelas, os informantes acentuam que é preciso ser rigoroso e ter regras firmes e multas pesadas, mas salientam que, para tanto, é preciso que as leis sejam disseminadas e discutidas por toda a sociedade, ou seja, que os usuários as conheçam e assimilem. Isso requer um programa de educação para o trânsito que conscientize os condutores, fazendo com que o motorista seja consciente de suas responsabilidades, mas que também recicle o condutor e o obrigue a voltar ao Detran. Enfim, um programa que aumente o respeito dos motoristas para com os pedestres e que – vários mencionaram isso – inclua o ensino da educação no trânsito já no nível pré-escolar.

No fundo, os informantes apontam, sabiamente, um dado evidente em qualquer boa sociologia de toda sociedade emergente. Trata-se do fato de que, quando se implementa uma mudança que vai afetar o comportamento de todos os membros da coletividade, *essa coletividade tem que ser, em primeiro lugar, preparada para a mudança*. No Brasil, temos repetido esse erro inúmeras vezes: instituímos um novo código de trânsito com a crença ingênua de que ele, por si só, terá o poder de magicamente modificar a conduta dos usuários sem que estes estejam preparados e sem a implementação de um sistema de sanções que possam ser aplicadas sobre quem não seguir as regras.

Tais programas e preparação, como revelam os dados, teriam que estar centrados numa elaboração da igualdade como valor e princípio básico da democracia. Eles teriam como foco ensinar que, na rua, todos são iguais perante a lei e que, no trânsito, a desobediência às regras cria uma punição maior do que a do Estado e da lei, pois geralmente promove morte, além de perdas materiais e morais – quase sempre incalculáveis. Por essas razões, todos os motoristas são invariavelmente pessimistas quanto ao futuro disto que se chama *trânsito* em suas cidades.

Somos uma sociedade marcada por origem e formação político-social hierarquizadas. Até 1888, o Brasil teve escravos, e até 1889, quando se proclamou a República, uma base aristocrática; seus códigos de comportamento refletem a realeza e o baronato, e é assim que tudo nela – conforme já dissemos –, inclusive as vias públicas e seus veículos, faz parte de uma escala de desigualdade. No Brasil, como esta investigação cabalmente confirma, o papel de motorista e seus veículos são lidos como emblemas de desigualdade. Há um contraste entre o gozo do ato de dirigir, o prazer de estar ao volante, com uma total ignorância da responsabilidade civil deste ato no que diz respeito às suas consequências. Escapa aos motoristas entrevistados qualquer conotação negativa do veículo, como sua potência e sua capacidade para produzir acidentes, danos e mortes. Tanto é que os caminhoneiros acham que a diferença entre conduzir um caminhão e um carro de passeio estaria simplesmente no tamanho do veículo. Coerentemente com isso, não há uma consciência de diferenciação dos veículos baseada no tamanho, na carga, em sua função social e econômica e, portanto, nas implicações ou consequências do ato de pilotar uma moto ou um ônibus. O carro que leva apenas seu motorista e o veículo que é o meio de transporte de uma população de passageiros não são percebidos como diferentes, em termos de valor, no trânsito do Espírito Santo.

No ato de dirigir, considerado prazeroso, todos se sentem privilegiados em relação aos pedestres, aos ciclistas e aos motoqueiros. Os dados também indicam que os profissionais que dirigem para trabalhar (os condutores de táxis, ônibus e caminhões) se distinguem dos outros motoristas, que, para aqueles, seriam mais imprudentes e mais inocentes ao volante, sobretudo nas estradas. Aqui, os dados permitem uma descoberta curiosa, a saber: o motorista brasileiro, em geral, e o capixaba, em particular, não distinguem o ato de dirigir do veículo que dirigem, de modo que há uma tendência de conduzir um ônibus como um automóvel (ou vice-versa). Na ausência do carro, o motorista de ônibus simplesmente segue o padrão geral de comportamento no volante, conduzindo seu veículo tal como os motoristas de carros de passeio. Os resultados são desastrosos.

A ausência de distinção entre as funções dos diversos veículos e seus estilos de direção é outra fonte de acidentes e imprudências, contribuindo para a violência no trânsito. Por um lado, o viés hierárquico tende a situar os motoristas profissionais como socialmente inferiores; mas por outro, são eles que dirigem veículos maiores e mais possantes. Assim, sentem-se tentados a usar seus ônibus e caminhões contra os carros, do mesmo modo que condutores de automóveis se irritam com facilidade contra os grandes meios de transporte (ou com as motos e bicicletas) que, com eles, competem por espaço nas cidades e estradas.

É quase certo, como já dissemos, que tal fato seja uma decorrência do modo informal pelo qual o jovem aprendeu a dirigir, geralmente com pais, amigos ou parentes, em contextos marcados pela informalidade, onde repetiram-se padrões eventualmente marcados pela imprudência e pela ignorância de regras e cuidados. O caso extremo é o dos motociclistas que aprendem sozinhos a *pilotar* seus veículos e, por isso, estão ainda menos sujeitos a qualquer forma de internalização de normas de comportamento no trânsito. Sugere-se que os motociclistas tenham alguma forma de educação que os conscientize de sua condição de condutores numa área pública e os dote de consciência e responsabilidade junto aos outros usuários da mesma área. É exatamente essa consciência do Outro que caracteriza a vida social em democracias igualitárias.

Não é, pois, por acaso, que sejam os ciclistas e os pedestres os que se sentem mais desrespeitados em decorrência da falta de espaço. Tal problema começa pela ausência de vias específicas para ciclistas e de calçadas amplas e espaços de travessia claramente demarcados para pedestres. Seguindo a mesma lógica dos outros condutores, os ciclistas revelam desconhecer a legislação e, até mesmo, ignorar sua existência. Para a maioria dos entrevistados, andar de bicicleta é lazer, esporte, liberdade. Algo não regulamentado pelo mundo da rua ou pelo governo. Entendem corretamente que, dentro de um carro, o condutor se sente imobilizado, preso, o que causa nervosismo e agonia (em nosso entender, isso decorre da contradição entre mobilidade e percepção de posição social, algo complicado de ser assimilado numa sociedade onde pessoas e veículos são hierarquicamente ordenados dentro de um espaço urbano paradoxalmente estruturado de modo igualitário).

Quem mais sente dificuldade de exercer o papel de motorista de modo prazeroso são os condutores de carros de passeio. Para eles, há um contraste entre o modo como tradicionalmente desfrutavam do automóvel como meio de transporte e como um símbolo de superioridade com o quadro incerto, imprevisível e indesejável do trânsito de hoje em dia. Agora, são unânimes em dizer, sentem-se inseguros dentro de seus carros, dirigindo com cada vez mais tensão e preocupação. Mas, como a confirmar os pressupostos hierárquicos tantas vezes mencionados, todos preferem continuar saindo de carro, como motoristas, a serem pedestres.

Como a provar a mentalidade aristocrática embutida na vida social brasileira, os motoristas de carros de passeio têm consciência de que os outros motoristas infringem regras: são descuidados e mal educados, dirigem com o braço na janela do carro, fumando ou falando ao celular; consomem bebida alcoólica mesmo sabendo do risco que tal atitude acarreta; usam óculos escuros à noite, quando dirigem; e adoram se exibir ao volante, não aceitando jamais *serem passados para trás*. Ademais, embora com menor frequência, foi citado – confirmando a postura hierárquica na rua e a dificuldade de viver situações igualitárias, o que desemboca inevitavelmente numa competição sem regras – que os motoristas brasileiros têm a certeza de que conseguirão livrar-se da punição por meio de recursos financeiros, de uma *boa conversa* ou do seu capital pessoal: *contatos* com amigos ou parentes influentes.

Confirmando nossa interpretação, diz-se que o motorista brasileiro é imprudente, inconsequente, irresponsável, individualista (significando, aqui, desobediência e arrogância, falta de preocupação com os outros) e veloz. Muitos afirmam uma abstrata *paixão por velocidade* como um elemento importante desse estilo, ratificando, no nível da prática, essa inconsciência do outro como um companheiro e um igual. Assim também se dá com a vivência do espaço público, que deveria ser visto como um lugar que pertence a todos e, por isso, exige a consciência dos limites do que se pode (e não se pode) fazer.

Em seu conjunto, todos os hábitos dos motoristas brasileiros dizem respeito a um constante ignorar do outro. Seja dos outros veículos, seja dos pedestres. Além disso, o modo de dirigir da maioria torna todos e cada um vulneráveis a acidentes por excesso de confiança e onipotência. Trata-se, justamente, dos fatores que fazem parte de uma atitude de marcada superioridade diante do mundo, da rua. Tal atitude *superior* surge nas entrevistas com os ciclistas, que sabem que os motoristas se enxergam como *donos da rua* (traço contraditório, pois, no fundo, a rua não pode ter nem dono nem patrão, sendo de todos na medida em que é usada e ocupada).

Isso se reflete claramente no sentimento relativo à impessoalidade e ao anonimato que caracteriza a vida urbana nas grandes cidades brasileiras. No caso desta pesquisa, no espaço da cidade de Vitória e seus arredores.

Para o pedestre, o motorista *dono da rua* muda sua conduta ao reconhecer um amigo, de tal sorte que as relações podem englobar normas e atitudes agressivas. Haveria, então, uma correlação muito nítida entre obedecer, ser cordial e tomar o outro como um ser humano, como uma *pessoa* com a qual se pode estabelecer algum tipo de relacionamento ainda que passageiro.

Reconhecer o outro, ou seja, tirá-lo, de certo modo, do anonimato das cidades e ruas, é um desafio para qualquer campanha e um modo de discutir produtivamente a agressividade de quem, dono de um carro, se pensa também como patrão da rua ou do cruzamento e, sem ponderar, agride pedestres e outros veículos com seu modo de dirigir. Se a regra não tem rosto ou corpo, ela é como a rua: foi feita para todos, mas, como a rua, não é, de fato, de ninguém.

Neste contexto, vale lembrar que a visão do carro pelo motorista particular e até mesmo pelo taxista e por condutores de ônibus segue essa mesma lógica hierárquica. Primeiro, porque o carro é inevitavelmente lido como um dado de ascensão social, já que a sociedade não permite que o cidadão possa dispensá-lo como meio de transporte. Não havendo como deixá-lo de lado, pois isso é, na maioria dos casos, uma condenação a um sistema de transporte público deficiente e inseguro, o carro é um dos primeiros itens de consumo que caracteriza sucesso e poder de compra.

Outro elemento expressivo deste esquema é, como já dissemos, a forte identificação do condutor com o veículo. De fato, o veículo, sobretudo o carro de passeio ou particular, sendo instrumento de projeção da personalidade do seu dono (ou dona) e índice de ascensão social e capacidade de consumo, faz com que uma ofensa ao automóvel seja equivalente a uma ofensa ao seu condutor, com as consequências devidas em cada caso. Deste modo, um leve esbarrão involuntário ou uma colisão são sempre pontos de partida para *cenas, casos* ou *dramas* nos quais um motorista exercita todo o seu poder de coerção social sobre o outro, sempre lido como um oponente (um outro), jamais como vítima naquilo que é um evento promovido pelo acaso, ou seja, um acidente. Tais ocorrências, a serem ainda mais bem pesquisadas, são subjacentes às expectativas de superioridade social em choque com o condutor do outro veículo, que em princípio seria lido como um inferior. Daí a atitude inicial do drama de qualquer colisão ser o estabelecimento de uma culpabilidade no ato ocorrido, o que é frequentemente realizado por coação social ou física e de modo extremamente agressivo.

Beber e dirigir

Outro fato expressivo de disjunção e conflito entre o que eu faço e o que o outro faz, entre a superioridade que atribuo a mim mesmo e que exime de qualquer responsabilidade e relativiza todas as infrações que cometo, e que torna o outro o justo oposto como um inferior, um culpado e um sujeito às leis, é a relação entre beber e dirigir. Aqui, a personalização que permeia a visão de si mesmo e da sociedade revela que os motoristas entrevistados não atribuem ao álcool um efeito constante. Neste sentido, a visão generalizada é a de que a ingestão de álcool dependeria muito de cada um, de modo que para alguns seu consumo não seria negativo ou impeditivo. Ora, tal personificação do álcool ilegitima socialmente o uso de medidas-padrão, fazendo com que a prevenção seja inócua, caso não seja acompanhada pela conscientização deste dado. A saber: que o organismo humano tem um limite claro que, sendo biológico, é universal e independe de como o motorista se autodefine social e biologicamente junto ao álcool.

A crença de que certas quantidades de álcool são aceitáveis, pois tudo depende do motorista, segue a mesma lógica deste amálgama conflituoso inconsciente entre ideias pessoais de superioridade e ideias de igualdade. Daí a disjuntiva entre a lei para o outro e a compreensão relativizante que conduz à tolerância, ao perdão e à condescendência para os nossos e para a nossa conduta. O famoso lema *Você sabe com quem está falando?*, segundo o qual *aos inimigos aplica-se a lei e, ao amigos, concede-se toda a compreensão*, tem como ponto de partida nossa visão hierárquica do mundo e teima ignorar um outro lado: o igualitarismo que tudo complica. Daí decorre um hibridismo negativo que promove tolerância pessoal ao álcool, às imprudências, à impaciência, à agressividade, à pressa e à violência quando somos o sujeito; e o oposto quando se trata dos outros, sobretudo quando são desconhecidos, meros indivíduos ou *João ninguém*. Tais atitudes vão além do álcool e ressurgem quando são discutidas punições e suas relações com a lei em geral. Como já salientamos, todos são favoráveis e reconhecem a necessidade da punição e da lei, mas todos reclamam, muitas vezes com indignação, quando são punidos. As penas, dizem em teoria, deveriam ser severas contemplando até mesmo a tal *tomada da carteira*, desde que seja dos outros. Ou seja, a regra geral é a de que o infrator é sempre o outro, o inferior relativo a quem fala ou foi punido, que é, na cabeça dos informantes, o sujeito apropriado para cumprir a lei.

O choque entre as visões igualitária e hierárquica da sociedade faz com que os informantes concordem e discordem quanto a punições, bem como no que diz respeito à obediência às leis.

Neste tópico, um notável exemplo de autocondescendência é o dos motoboys que relativizam a alta velocidade, justificando-a pelo trabalho que fazem. Deste modo, para essa categoria de condutores, as leis do trânsito não poderiam valer para todos. Teriam que ser dobradas no que diz respeito à alta velocidade, às ultrapassagens fora das faixas e entre veículos, para eles. Mais: suas multas deveriam ser perdoadas porque, no fundo, eles se representam como heróis que trabalham contra o trânsito, driblando seus problemas, ultrapassando seus engarrafamentos, vencendo seus impasses que promovem lentidão e paralisia. Em sua visão, portanto, o Detran deveria prestar mais atenção nos estacionamentos-relâmpago e deveriam punir pedestres que ousadamente se colocam em seu caminho e, naturalmente, perdoar seus excessos de velocidade. Nesta teoria, o ideal seria ter um código de trânsito para cada grupo de condutores que se utiliza da rua!

Ora, a visão que solicita ingenuamente a exceção e a singularidade é típica da concepção gradativa ou hierárquica do mundo que permeia todas as categorias de condutores entrevistados. Trata-se da lei do privilégio, em que cada grupo de motoristas estaria isento de cumprir certas regras em função de seu trabalho e do tipo de veículo dirigido.

A maioria vê a infração, entretanto, como um dado da vida – algo incorrigível e permanente, como a desigualdade, o sofrimento e a injustiça. A falta cometida conscientemente ou em função de algo imprevisto forma o que se convencionou chamar no Brasil de hoje de uma *cultura*. Como crime, ela poderia ser – quem sabe? – punida, mas como *cultura* faz parte da vida, sendo – quem sabe? – um direito, pois é deste modo que temos reagido a qualquer forma de punição, interpretada quase sempre como algo politicamente fora de moda e incorreto. Neste contexto, a infração seria uma *característica do brasileiro*.

6. Desligando o motor

Punição e obediência: A questão dos limites

Um dos dados mais curiosos do trabalho é a constatação paradoxal de que todos concordam que os motoristas irresponsáveis devem ser severamente punidos. O problema, porém, é que tal opinião radical ocorre ao lado da visão (igualmente majoritária) de acordo com a qual não há ninguém que obedeça às regras no Brasil – eis a gravidade do achado.

Temos, assim, por um lado, um radicalismo repressivo extremo, bastante comum na vida pública nacional quando todos (sejam de direita, esquerda ou centro) dizem saber com precisão como virar o mundo pelo avesso no intuito de corrigi-lo de uma vez por todas (vamos caçar os marajás, liquidaremos a corrupção em seis meses etc.). Por outro, um realismo igualmente implacável, segundo o qual a obediência à regra seria algo ingênuo e, no limite, impossível, já que obedecer é mostrar-se como tolo e subalterno. Vemos que são dois os discursos: a cura definitiva na teoria e na retórica; e o cinismo, que afirma ser ingênuo crer em qualquer melhoria porque obedecer – assim como ler, pesquisar, escrever, ser honesto, fiel etc. – tem a ver com as más qualidades burguesas, sintomas de ingenuidade e subordinação. E, num outro plano ainda mais complicado, revelando uma insuspeita tridimensionalidade de nossa relação com a norma, há o espectro talvez mais aterrador e negativo: a opinião segundo a qual não há pessoa que siga a lei!

Dentro desse quadro, um tanto marcado pela derrota, todos – sem exceção – reclamam da ausência de uma fiscalização melhor e mais eficiente, assim como de um policiamento mais honesto e vigilante. Simultaneamente, duvidam da eficácia legal e policial porque – além da propensão a não seguir as leis – entendem que quem tem boas relações e detém um capital familístico e social poderoso pode eventualmente suspender os efeitos de quaisquer medidas policiais por meio de um elo pessoal: seja pelo *jeitinho* (quando o sujeito apela para uma igualdade humana dentro de uma situação onde o comando não lhe pertence e seu erro é claro, daí a súplica pelo *jeito*); seja pelo *Você sabe com quem está falando?* (quando, num contexto igualitário, um ator para quem a lei foi aplicada desmascara-se como socialmente muito superior – *eu sou o governador do estado!*)[1].

Nesta área, o maior desafio para o gerenciador público é a construção de uma relação positiva, efetiva e legítima entre o que os motoristas fazem no trânsito, o que eles dizem que fazem e o que gostariam que o Estado fizesse. Não com eles, obviamente.

Os dados colhidos na pesquisa levam a uma questão fundamental, que reputo como crítica, a saber: como fazer com que os que atuam nesta área do mundo público – o condutor de carro de passeio, o pedestre, o motoboy, o caminhoneiro, o motorista de ônibus, o ciclista – pensem a si mesmos como parte de um sistema? Como fazer com que o pedestre tenha plena consciência de que uma imprudência de sua parte (digamos, uma brincadeira na qual finge atravessar a rua na frente de um carro que passa em alta velocidade) tem como consequência um gesto automático do motorista, o que pode provocar uma colisão com um ônibus que eventualmente esteja a seu lado e um choque desse ônibus com um caminhão etc.? O mesmo ocorre quando um condutor decide ultrapassar um sinal ou faz uma curva para o lado direito ou contrário sem aviso prévio. No trânsito, a primeira lição é entender que todos os seus elementos relacionam-se e que cada qual tem uma enorme capacidade de influenciar a conduta de todos os outros.

Mas, como essa percepção está ausente, o que se observa é o desejo de punição jamais para si próprio, mas apenas para quem é visto como autor da infração. Entendemos, pela leitura das entrevistas, que estamos diante de um paradoxo de considerável importância, com profundidade histórica e sociológica.

No Império, muitos fazendeiros eram contra a escravidão e, no entanto, quase todos tinham escravos. Por isso, foram necessários cinquenta anos para liquidar com a escravidão por sucessivos atos legais. Na República, somos contra a corrupção, desde que não seja feita por políticos do nosso partido ou gente da nossa administração. No trânsito, queremos penas severas para os outros, para os que vemos como os verdadeiros infratores do sistema. Para nós, sempre há o jeitinho e o *Você sabe com quem está falando?* quando não ocorre a plena impunidade porque, lá no fundo, cremos que a figura imaculada de uma pessoa que segue as regras não existe.

A despeito disso, porém, os entrevistados da pesquisa mostram haver uma reiterada vontade de intervenção no sentido da correção de abusos, da prevenção do caos e na direção de uma mudança. O fundamental aqui não seria discutir o óbvio: que é preciso punir e, sobretudo, multar os maus motoristas; mas chamar a atenção para o seguinte ponto: qualquer projeto de intervenção terá que ter como ponto central a consistência. O que conduz a uma descrença generalizada na melhoria e a uma crença universal na impunidade é justamente o fato de que todos sabem das normas, mas que, quando há uma infração, nem todos são punidos. Mais: nem sempre a impunidade é consistentemente punida e, quase sempre, aquilo que começa com vigor termina depois de algumas semanas (se durar isso tudo), de modo que os antigos hábitos retornam com mais força, esbofeteando a autoestima e o esforço cívico de toda a população. Qualquer programa de atuação nesta área, portanto, terá que primeiramente reverter e extinguir a ideia da impunidade como hábito, solução e tradição.

Algumas conclusões

Como falso arremate para tudo o que o leitor leu até aqui, pode-se dizer que a pesquisa sobre o comportamento no trânsito no estado do Espírito Santo traz à tona um conjunto de fatos e condutas que não destoa do restante do Brasil. Assim, tanto em Vitória quanto nas outras cidades examinadas (Cariacica, Vila Velha, Cachoeiro de Itapemirim, Linhares e São Mateus) e, acrescentemos, no restante do país, o que temos é um estilo de dirigir e de conduta nas ruas, avenidas, estradas e calçadas caracterizados pelos seguinte pontos:

Retórica ideal repressiva e ausência real de obediência. Um dos dados mais curiosos do trabalho é a constatação paradoxal de que todos concordam que os motoristas irresponsáveis sejam severamente punidos. O problema, porém, é que tal opinião radical ocorre ao lado da visão, igualmente majoritária, de acordo com a qual não há ninguém que obedeça às regras.

Como obedecer sem a presença da autoridade. No fundo, tudo isso trata de uma dificuldade pouquíssimo discutida, e por isso mesmo implícita (ou inconsciente), de internalizar limites impostos por normas impessoais. Falamos de regras que simplesmente dizem *sim* ou *não* e que dispensam a presença de uma autoridade em carne e osso que as represente ou aplique. Como todos estão fartos de saber, a mera presença de um guarda controla mais eficientemente os motoristas (e pedestres) do que os semáforos ou sinais mecânicos e impessoais, que pressupõem usuários-cidadãos dotados de uma consciência de limites mais aguda e sensível. E isso, vimos nos capítulos anteriores, depende de vários fatores. Entre eles, a educação elementar que acentue a crença na igualdade perante os outros e nos limites; uma família que consistentemente demonstre que os limites existem e devem ser respeitados e, finalmente, um conjunto de efeitos-demonstração na forma de multas, admoestações, perda de privilégios e punições que ultrapassem o nível impessoal (ou da lei tal como está escrita no papel) e cheguem ao infrator de modo concreto, atingindo seu cerne moral.

No caso do trânsito, essa consciência depende de políticas públicas que sejam capazes de extinguir uma enraizada e costumeira crença na impunidade. Devem também conscientizar os cidadãos de suas responsabilidades perante os outros no cenário de um sistema complexo e dinâmico que reúne pessoas, animais e máquinas, bem como sinais e demarcações impessoais.

A esse cenário soma-se uma sistemática desobediência às normas universais, que teoricamente valem para todos. O problema tem sua origem numa relação desconfiada entre Estado e sociedade, entre o governo e a população de um país, estado ou cidade. Se obedecer é seguir normas e se seguir normas é ser honesto e transparente, como ocorre quando um carro automaticamente para num sinal vermelho, como realizar isso se sabemos que, em nossa cidade, os administradores gerenciam melhor suas casas e famílias do que a coletividade pela qual foram eleitos? Ademais, como realizar o elo de confiança que se traduz em obediência e cujo componente coletivo é marcante (eu obedeço porque sei que todos assim o fazem) se as administrações locais, estaduais e federais se caracterizam por uma presença no nível da promessa e da demagogia e por uma extraordinária ausência na manutenção e sustentação dos vários sistemas que perfazem a estrutura de qualquer comunidade, como o sistema sanitário, de segurança, educacional e, claro está, do trânsito? Como multar um motorista por ter ultrapassado um sinal, se o sinal está constantemente apagado ou quebrado? Como exigir que o pedestre ande na faixa, se a faixa se apagou e sua pintura não foi refeita?

Nosso estudo indica que, em todos os níveis e com todos os atores, há uma atitude comum que fala de modo muito preocupante do *universo da rua* como terra de ninguém, lugar perigoso onde seres humanos (as *pessoas*, como se diz) são desumanizados e se transformam em *pedestres* ou vítimas potenciais dos outros atores presentes neste espaço, no qual as regras foram feitas para serem desobedecidas. Ora, se os motoristas não obedecem e têm um comportamento inconsistente em relação aos sinais e aos pedestres, estes atuam na base do mesmo modelo.

A confirmação de que quem obedece à lei é, hoje em dia, um ser inexistente, uma pessoa tola ou idiota, *um babaca!* – como me disse uma vez um entrevistado –, fala de um sistema fechado em si mesmo: uma área da vida na qual a impessoalidade esconde um marcante traço desumanizador. Se eu não conheço alguém pessoalmente, esta pessoa não existe como uma entidade merecedora de respeito, dignidade e consideração. Se esse alguém não existe como pessoa, não há como tratá-lo como ser humano. Ou, quem sabe e de modo mais profundo, o feixe de regras que governa nossas vidas em geral e o trânsito em particular não chegue a atingir nossa existência porque sua clareza, sua manifestação explícita, contém um certo toque de artificialidade, sendo por demais superficial para atingir nosso modo de ser mais profundo e real, que não poderia ser governado ou marcado por normas vindas de fora. Se somos uma sociedade no fundo e na realidade feita de superpessoas que estão – como a vida nacional recorrentemente demonstra – acima da lei, esse papel legitima toda e qualquer forma de ultrapassagem das normas, mostrando não a ilegalidade, mas uma superioridade de raiz que faz parte de nossa autoconsciência – tão personalizada que ela se recusa a obedecer a qualquer norma.

Por isso, toda e qualquer atuação no sistema deve contemplar o trânsito como um todo: estudando os processos pelos quais uma pessoa aprende a dirigir e os aprendizados que dizem respeito ao modo de andar na cidade e suas ruas. Isso sem esquecer os riscos que todos se permitem ao usar e abusar de álcool e outras drogas, bem como as concepções de impunidade, jeitinho, apadrinhamento e relação negativa entre a população e o Estado (e o governo) que marcam tanto o Espírito Santo quanto qualquer outra região do Brasil.

Ora, é precisamente essa inconsistência de raiz o que nos enlouquece. Referimo-nos ao fato de que todos os agentes do sistema de trânsito entendem que não são culpados pelos acidentes ou pelas infrações que cometem. Neste ambiente do *culpado são os outros*, todas as desculpas são permitidas e lei alguma foi feita para ser aplicada indistintamente para todos com isenção e justiça.

Notas

1 Para uma exposição dessa gramática, veja-se Lívia Barbosa, *op. cit.*

Anexos
Dados sobre a
pesquisa e depoimentos

Estes anexos sintetizam os principais dados e informações obtidos nas três etapas de pesquisa para o Projeto Igualdade no Trânsito, do Detran. Em cada uma delas, foram realizadas pesquisas qualitativas, observacionais em pontos estratégicos, de observação vivencial (acompanhamento de motoristas e motociclistas durante seus trajetos no trânsito), entrevistas aprofundadas e também criados grupos de enfoque e pesquisa histórico-documental.

Tais pesquisas abrangeram os municípios capixabas citados nos capítulos anteriores. Foram ouvidos motoristas cotidianos (que possuem automóveis ou motocicletas e os utilizam para sua locomoção) e motoristas profissionais (taxistas, motoristas de ônibus, motoristas de caminhão e motoboys), além de médicos, especialistas do Justiça Volante e outros formadores de opinião que tecerem considerações acerca do trânsito no estado do Espírito Santo.

Dois pontos centrais orientaram esse projeto e seus métodos. O primeiro dizia respeito a como foi programado o conjunto de entrevistas e protocolos de observação direta, através dos quais os investigadores pudessem *ouvir* o que os mais diversos usuários-cidadãos do sistema de trânsito tivessem a dizer sobre seus estilos de utilizar o espaço público. O segundo buscava fazer uma ligação entre esses achados e os eventuais instrumentos que, de modo efetivo e consistente, pudessem – pioneiramente, para o caso do Brasil – mudar, no estado do Espírito Santo, a agressividade no trânsito.

Coerentemente com isso, o trabalho de pesquisa foi orientado para dois aspectos:

a) A coleta de dados qualitativos, obtidos em entrevistas abertas, onde o entrevistado pudesse estar à vontade com o entrevistador e compreendesse as perguntas. O objetivo aqui não era apenas saber quais motivações orientavam a conduta dos informantes, mas também ouvir suas ideias a respeito de sua própria conduta; ou seja, descobrir os valores que norteavam seu comportamento, ligando o tema – e esse é um ponto básico do projeto – a uma teoria do espaço público brasileiro tal como tem sido desenvolvida, como já foi indicado, nos trabalhos sobre o Brasil de DaMatta (sobretudo 1979, 1985).

b) O foco, vale reiterar, no trânsito como um *sistema* – como um conjunto constituído de muitos atores, atitudes, objetos e cenários interligados e em interação.

Isso levou a uma significativa mudança de procedimentos em relação às outras pesquisas sobre este assunto. Pois deixamos de focar somente no motorista (e geralmente apenas no motorista chamado de *particular*) como alvo exclusivo para incluir na investigação motoristas de táxi, de motocicleta, de ônibus e de caminhão de ambos os sexos, bem como ciclistas e pedestres, pois todos atuam e têm um papel no mundo do trânsito, fazendo parte do *sistema*. E, mais que isso, são suas relações que motivam e condicionam seu comportamento no sistema, vale dizer: relativamente aos outros atores que compartilham e se movimentam no mesmo cenário.

O pressuposto básico é de que a conduta agressiva, cordial, imprudente ou cuidadosa de cada um desses atores, bem como a ausência de algum objeto (um semáforo, por exemplo) ou a presença de um obstáculo (uma barreira ou um buraco numa estrada ou avenida) necessariamente afetam o comportamento de todos os outros atores que estão à sua volta. É justamente essa interação mútua que se deseja apanhar, pois seria a partir de seu entendimento que poderíamos propor intervenções mais eficientes e duradouras. Não se pode continuar a investigar e opinar sobre esse domínio da vida social brasileira tomando suas peças isoladamente, destacando e privilegiando o *motorista* em detrimento do *pedestre*; ou fazendo o justo oposto. Ou, pior que isso, criminalizando certos atores – como os motociclistas chamados de *motoboys*, o que já promove, mesmo antes da pesquisa, um viés negativo junto a esses usuários, ligando-os, pelo sufixo *boy*, a um universo que conota irreverência e irresponsabilidade, como em *playboy* ou *pitboy*.

De modo a ampliar e precisar nossos achados, montamos um protocolo de investigação baseado em observação direta e em que o pesquisador visitou locais de reunião de motoristas e com eles viajou, participando do trabalho dos informantes, dialogando com eles e examinando *in loco* como o observado reagia às ocorrências do trajeto percorrido.

Com isso, foi possível chegar a um nível de detalhamento muito profundo sobre certos comportamentos, documentando aspectos de condutas agressivas e imprudentes, realizadas sem pensar, automaticamente, o que permitiu confirmar certas opiniões produzidas pelos entrevistados durante as entrevistas formais. Tal método revelou-se particularmente útil no que diz respeito ao uso de bebidas pelos jovens, pois se nas entrevistas havia a consciência do risco e a afirmação de que eram cuidadosos em relação ao assunto, nos pontos de reunião constatou-se o contrário. É nos pequenos detalhes, muitas vezes considerados sem importância, que se encontram informações essenciais e muitas vezes definidoras de um novo processo ou uma nova interpretação básica para o aprofundamento da pesquisa. O comportamento automático, citado anteriormente, por exemplo, denota a força de certos valores sociais, como o fato de a espera ser vista negativamente em nosso sistema.

A pesquisa observacional é uma modalidade na qual o pesquisador se torna participante do universo pesquisado, ficando sujeito às mesmas condições dos fatos ou eventos que observa. Daí, como foi indicado antes, a importância de interagir com o observado no mesmo ambiente e no momento mesmo em que este executa aquilo que é o alvo da própria investigação. O básico no processo é recolher as razões e as *teorias* dos entrevistados sobre o modo como dirigem, julgam e, sobretudo, justificam sua conduta no trânsito.

Destacando as categorias pesquisadas (motoristas profissionais, cotidianos, pedestres e ciclistas), reuniremos opiniões e percepções desses sujeitos sobre o mundo do trânsito, de forma a facilitar análises e reflexões sobre o material de estudo reunido.

A pesquisa teve início em maio de 2007 e findou-se em janeiro de 2008, compreendendo-se em:

1ª Etapa:
a) Pesquisa qualitativa – Entrevista aprofundada com formadores de opinião, motoristas cotidianos e pedestres. O objetivo era compilar as principais questões levantadas e apontadas pelos sujeitos a fim de elaborar uma base de roteiro de investigação para as demais etapas do projeto.

b) Pesquisa documental – Procurou-se informações sobre como os acidentes de trânsito eram tratados historicamente no estado e no Brasil a partir de pesquisa em jornais, anuários, revistas e demais documentos históricos disponíveis atualmente.

2ª Etapa:

a) Pesquisa qualitativa – Entrevista aprofundada e Pesquisa vivencial com motoristas profissionais, ciclistas e pedestres. Pesquisa observacional em pontos estratégicos durante os períodos de alto fluxo nos municípios de Vitória, Vila Velha, Cariacica, Cachoeiro de Itapemirim, Linhares e São Mateus com utilização de câmera filmadora e máquina fotográfica para flagrar as principais infrações cometidas e as reações dos sujeitos envolvidos nesse sistema que é o mundo do trânsito. E também entrevista com jovens que bebem e saem de carro para as *baladas noturnas* da Grande Vitória.

b) Pesquisa documental – Procuraram-se informações sobre a forma como os acidentes de trânsito eram tratados historicamente no estado e no Brasil a partir de pesquisa em jornais, anuários, revistas e demais documentos históricos disponíveis atualmente.

3ª Etapa:

a) Pesquisa qualitativa (grupos de discussão) – Obedeceu o roteiro-base, mas com o objetivo de confirmar as principais hipóteses e informações encontradas e condensadas durante a segunda etapa do projeto. Essa pesquisa foi realizada com motoristas jovens e adultos, homens e mulheres, moradores dos municípios pesquisados nas duas primeiras etapas.

Avaliação do trânsito

Motoristas de caminhão: Para eles, o trânsito está péssimo, caótico, com muito movimento. As estradas, muito ruins. É preciso duplicar as rodovias rapidamente. Afirmam também que os capixabas são os piores motoristas, os mais irresponsáveis, o que em horário de pico fica ainda pior.

Os principais problemas apontados são buracos nas estradas, motoristas mal-intencionados que cometem imprudências nas estradas, imprudência geral, sinalização ruim, guardas de trânsito inoperantes, falta de compreensão dos condutores de carros de passeio, retornos muito distantes. As sugestões para a melhoria do trânsito são: mais policiamento nas ruas e estradas, mais organização, manutenção das estradas, construção de elevados (viadutos), conscientização do condutor do carro de passeio em saber que o tempo de frenagem do caminhão não é igual ao de um automóvel e maior sincronia dos semáforos.

Motoristas de táxi: Os principais problemas verificados pelos entrevistados são os engarrafamentos, a falta de respeito às sinalizações, o tortuoso meio de obtenção das carteiras de motorista e a falta de rigor na educação dos condutores. Alguns chegam a citar que antes existia uma maior dificuldade para se retirar a carteira, já que a prova prática era mais difícil e a escrita, oral. Os demais problemas citados foram acidentes, falta de organização dos guardas, fechamento da travessia, falta de respeito à sinalização, principalmente à seta.

Os entrevistados costumam citar as punições, o maior rigor nos exames de habilitação, a criação de novas vias de trânsito, tanto para o sul quanto para o norte da Grande Vitória, e reformas nas avenidas Fernando Ferrari e Dante Michelini como possíveis soluções para os atuais problemas do trânsito. Alguns entrevistados assumem muitas vezes uma postura pessimista. Acreditam que somente uma menor quantidade de carros nas ruas poderia solucionar os problemas. Entretanto, não conseguem imaginar como isso seria possível.

Em relação às soluções apontadas, foram citadas ainda a necessidade de concluir logo as obras que estão em andamento e oferecer minicurso de direção defensiva ao renovar a carteira dos motoristas. A ação dos guardas de trânsito foi muito questionada. Os entrevistados reclamam de que esses não atuariam de forma educativa e preventiva, mas apenas para aplicar multas.

Motoristas de ônibus: O diagnóstico que fazem do trânsito é de algo tumultuado, crítico, caótico e gerador de estresse constante devido ao alto fluxo de carros e às péssimas condições do trânsito nas cidades. Falam da necessidade de se programar para sair bem mais cedo de suas residências a fim de poderem cumprir seus horários (tanto de trabalho quanto pessoais). É geral a percepção de que existe a necessidade de melhorias. Os principais problemas do trânsito atual seriam o fluxo intenso, falta de sinalização, de educação para o trânsito, motoristas abusados (falta de respeito ao próximo), motoristas com excesso de confiança e impaciência, péssimos motoristas, muitos *barbeiros* atrapalhando o trânsito, muitas obras, volume de carros (o PDU contribui para isso, destinando duas vagas de garagem para cada apartamento, aumentando o número de carros), falta de acessos alternativos na região metropolitana, engarrafamentos e semáforos com falta de sincronização.

As sugestões de melhorias apresentadas são a educação no trânsito, tanto na parte legislativa quanto na parte informativa, orientação, reciclagem, treinamento básico anual para recapitular as regras antigas e aprender as novas, abordagem nas ruas, campanhas educativas. Todos deveriam, ao tirarem suas carteiras de habilitação, fazer um curso de direção defensiva. Da mesma forma, motoristas de ônibus acreditam que os governos deveriam oferecer um transporte urbano mais eficiente, confortável e seguro, fazer uma obra de cada vez e construir mais vias de acesso, pontes etc.

Motociclistas/motoboys: Os motoboys consideram o trânsito da Grande Vitória bom, de modo geral. É claro que algumas situações, como obras na pista e vias estreitas, tornam o fluxo comprometido em sua percepção, mas nada que os motoboys não pudessem contornar.

Os motoboys respondem que no trânsito capixaba o que realmente falta é a responsabilidade de alguns no cumprimento das regras. Consideram os principais problemas do trânsito a imprudência dos motoristas e motociclistas, a falta de informação (só se aprende o básico na autoescola), o intenso fluxo de veículos e as ruas muito apertadas.

Disseram ser urgente melhorar a sinalização, fazer reciclagem dos condutores, principalmente de ônibus e caminhões, efetuar campanhas educativas na mídia, e criar uma faixa específica só para motos.

Ciclistas: Os entrevistados ponderam que o trânsito merece uma melhor organização. Afirmam que os congestionamentos ocorrem sempre em determinados horários, inevitavelmente. As queixas incidem sobre o grande volume de carros em detrimento do pouco espaço das vias. O trânsito é considerado terrível, perturbador. Os ciclistas e os pedestres correm riscos de serem atropelados até mesmo onde há faixa devido à falta de respeito dos motoristas. As reclamações são: locais sem calçadas, inexistência de ciclovias, valetas em ruas não asfaltadas, alagamentos quando chove, má disposição dos semáforos, falta de guardas de trânsito, péssima sinalização para pedestres e ciclistas em muitos locais.

Os entrevistados apontam como soluções boa vontade política, drenagem, criação de espaços para ciclistas tanto em BRs quanto no perímetro urbano, bicicletário, transporte público eficiente, construção de viadutos, pontes e passarelas. Outras medidas assinalam para diminuição da frota de carros e investimentos em transporte como bicicleta e metrô. A bicicleta é vista como um meio de transporte rápido e como esporte, porém perigoso, devido à ausência de ciclovias.

Pedestres: Os entrevistados avaliam o trânsito de Vitória como caótico, violento, pouco sinalizado, além de desumanizado (não voltado para as pessoas). As ampliações são vistas como uma possível solução, embora os entrevistados considerem falta de planejamento a realização de obras simultâneas. Há relatos em que os pedestres afirmam serem vistos como inimigos pelos motoristas. Foram feitas reclamações referentes aos atrasos e ao desrespeito dos motoristas de ônibus, assim como à ausência de ônibus em determinados horários. Os principais problemas abordados têm a ver com o transporte coletivo. Ainda assim, lembraram-se de problemas como o grande fluxo de carros e a inexistência de ciclovias.

As soluções para a melhoria dessa situação incluíram campanhas educativas para os motoristas, criação de ciclovias e investimentos em transporte coletivo.

Motoristas cotidianos: A perspectiva dos entrevistados é sempre negativa e catastrófica; são citados as reformas da prefeitura, o aumento da quantidade de veículos e a falta de vias alternativas. A percepção dominante é a de que os órgãos responsáveis demoraram muito para fazer alguma coisa pelo trânsito da Grande Vitória, e que em quatro anos ou menos já estaremos realizando *rodízio de carros* como em São Paulo, numa tentativa de contornar esses problemas.

O trânsito da cidade é responsável também pelo excesso de estresse dos motoristas, logo, pelo aumento da agressividade no trânsito e do número de acidentes. Assim, os motociclistas são muito citados como os principais causadores e envolvidos nos acidentes, sendo eles os que fazem ultrapassagens indevidas para contornar o trânsito ruim e "*passam na frente* dos carros nos engarrafamentos". Essa atitude dos motociclistas seria perigosa para estes e revoltante para os motoristas de carro, que aumentariam seu ressentimento e agressividade contra os mesmos.

Entre várias soluções para o problema do trânsito na Grande Vitória, o alargamento das ruas, a criação de *alternativas* para o fluxo de carros e de *novas saídas* são repetidos na maioria das entrevistas como fundamentais. Vale ressaltar que existe uma ideia, disseminada principalmente entre as classes média e alta, de que há necessidade, já na pré-escola, de as crianças terem aulas sobre educação no trânsito para que venham a se tornar adultos mais conscientes, modificando-se uma *cultura* existente e arraigada de desrespeito e descuido no trânsito.

A melhor e maior disseminação do transporte coletivo também é lembrada muitas vezes como alternativa, noutras como fundamento para uma melhoria do trânsito. As pessoas geralmente não conseguem visualizar suas vidas sem seus automóveis, principalmente por rejeitarem a ideia de utilizar diariamente o transporte coletivo. Este está relacionado a um dia a dia desconfortável, fora de controle, cheio de atrasos e muito mais caótico que o vivido pelos entrevistados.

Expectativas para o futuro

Motoristas de caminhão: A esperança é que daqui a dez anos o trânsito melhore bastante. Se não se fizer nada, dizem, vai ficar cada vez pior, um caos, como São Paulo, com muitos carros nas ruas.

Motoristas de táxi: Os entrevistados são unânimes em apontar que o trânsito necessita de investimentos e que a tendência é de piorar. Nota-se na fala dos entrevistados uma ânsia para solucionar problemas educativos muito mais do que problemas estruturais.

Motoristas de ônibus: A perspectiva é catastrófica na percepção dos motoristas, para quem a quantidade de veículos tende a crescer e o fluxo se tornará cada vez mais complicado e com vias engarrafadas. As alternativas visíveis são sempre intervenções dos governos, modificações no trânsito, designação de faixas exclusivas para ônibus, obras, implantação de trens e metrôs e criação das vias alternativas, uma vez que o transporte coletivo dificilmente é considerado opção ao problema.

Ainda em relação ao transporte coletivo, este não é tido como um serviço eficiente, e por isso seria impactado pelos problemas do trânsito.

Motociclistas/motoboys: Alguns consideram que o trânsito vai piorar cada vez mais, devido ao grande fluxo de veículos em circulação e à previsão de novos veículos no futuro. Outros acreditam que uma *verdadeira e efetiva* educação no trânsito, por meio de campanhas educativas na TV, no rádio, nas ruas, nas escolas e, principalmente, nos Centros de Formação de Condutores, tenderia a melhorar a situação atual e evitar o caos futuro.

Percebem na *educação para o trânsito* a única saída para a situação do trânsito atual. A referência à *educação* é uma constante durante as entrevistas.

Ciclistas: Caso não sejam tomadas medidas urgentes, os entrevistados visualizam um caos no trânsito. A duplicação das vias não resolve, dizem eles, porque a quantidade de carros e pessoas tende a aumentar.

Pedestres: Os entrevistados visualizam o trânsito de Vitória como algo terrível; comparam-no ao de uma metrópole como Belo Horizonte, onde, afirmam, há muitos carros e uma terrível desordem. Lembram ainda que Vitória é uma cidade pequena em termos geográficos e que o caos do trânsito deixa a todos estressados, cansados, neuróticos. Uma parcela dos entrevistados menciona esperança de melhora em consequência das obras.

Motoristas cotidianos: As expectativas para o futuro não são animadoras, o trânsito de Vitória seria comparável ao de São Paulo. As principais reclamações ouvidas enfatizam o fato de Vitória ser a única alternativa para ligar as demais cidades da Grande Vitória.

Os entrevistados não conseguem imaginar o trânsito na região daqui a dez anos caso alternativas não sejam criadas. Alternativas estas que eles não conseguem apontar com nitidez.

Declarações textuais

"As autoridades do trânsito nunca olham para o lado do caminhoneiro, sempre os veem como vilões." **(motorista de caminhão)**

"A gente anda na nossa faixa, os carros pequenos entram na nossa frente, freiam, e a gente sempre é o culpado." **(motorista de caminhão)**

"A previsão é só de Deus mesmo, porque se depender de nós [governantes] eu não acredito muito, não." **(motorista de caminhão)**

"Não adianta o governo investir dinheiro em educação porque não vai resolver. O cara não quer colocar na cabeça, o caso é punir." **(motorista da táxi)**

"A prova tem que mostrar que as pessoas realmente estão aptas a dirigir." (**motorista da táxi**)

"A Guarda Municipal não faz nada em Vitória. Só sabem multar... A função do guarda de trânsito é educar e prevenir. Eles nem apitam para sinalizar!" (**motorista da táxi**)

"Se os órgãos não tomarem conta, vai estar bem mais caótico. Bem pior." (**motorista de ônibus**)

"É complicado. Hoje todo mundo tem carro e por mais que se dependa do transporte coletivo, nunca fica um serviço eficiente." (**motorista de ônibus**)

"O trânsito é ótimo, tem que melhorar os motoristas e os motociclistas." (**motociclista**)

"Pra gente que é da classe dos motoboys, tem que ter um pouco mais de atenção porque qualquer vacilo é uma queda." (**motociclista**)

"O trânsito como sempre é perigoso, a pessoa tem que andar com muita atenção pra evitar acidentes." (**motociclista**)

"Em Vila Velha, quando não está chovendo, está brotando água do chão!" (**ciclista**)

"Os motoristas pegam o carro e se transformam em outras pessoas." (**pedestre**)

"As pessoas deixam de ser elas e passam a ser o carro." (**pedestre**)

"Logo teremos que fazer rodízio, como aconteceu em São Paulo, pois cada vez mais temos mais carros nas ruas, mas não foram construídas estruturas capazes de abarcar esse aumento de veículos, os engarrafamentos já estão insuportáveis." (**motorista cotidiano**)

"Eu morro de raiva dos motociclistas. Você está no maior engarrafamento e eles passam bem no meio, ai que raiva... dá vontade de enforcá-los!" (**motorista cotidiano**)

"99% dos acidentes que eu pego aqui no hospital acontece com motociclistas, eles são terríveis." (**fala de um médico-motorista cotidiano**)

"A expectativa de futuro é no sentido de melhorar a qualidade do trânsito, investir em fiscalização." (**motorista cotidiano**)

O papel do motorista

Motoristas de caminhão: A maioria acredita que seu primeiro contato com um automóvel foi positivo e que não há diferença entre dirigir um carro de passeio e um caminhão, a não ser o tamanho. A responsabilidade é a mesma.

Motoristas de táxi: Os entrevistados apresentam uma postura de naturalidade no ato de dirigir. Assim como adquirir a carteira de motorista, esse ato não implicou grandes mudanças ou realizações em suas vidas, uma vez que todos aprenderam a dirigir quando menores de idade, com o próprio pai.

Todos responderam que dirigir é normal. Alguns entrevistados afirmaram que gostam do trabalho e por isso não ficam nervosos no trânsito. Outro declarou que se sente emocionado e que tem prazer em dirigir.

Motoristas de ônibus: A maioria tem muita experiência ao volante e considera essa experiência inicial prazerosa. Geralmente aprendem a dirigir com pais, amigos, antes mesmo de frequentar uma autoescola.

Para alguns, a sensação de estar ao volante é prazerosa. Já outros afirmam sentir medo do trânsito.

Motociclistas/motoboys: Segundo o relato dos entrevistados, a maioria aprendeu a pilotar sua moto sozinha, tendo em vista que é complicado alguém acompanhar um motociclista para ensiná-lo a dirigir. Muitos citam a semelhança com o *aprender a andar de bicicleta*, afirmando que, assim como no caso citado, aprende-se sozinho, e mesmo quando se ocorrem quedas, o processo continua.

Ciclistas: Os entrevistados relatam que se sentem desrespeitados, em decorrência da falta de espaço e vias específicas para ciclistas. Relatam ainda se sentirem incomodando o trânsito, uma vez que, estando na calçada, representam um risco para os pedestres e, na rua, estão expostos. Há desconhecimento da legislação para os ciclistas ou, até mesmo, da ausência desta. Para a maioria dos entrevistados, andar de bicicleta é lazer, esporte, liberdade. Afirmam que no carro você está preso e por isso as pessoas ficam agoniadas e nervosas.

Pedestres: Os entrevistados relatam se sentirem inseguros e ameaçados. Não obstante, esperam ser respeitados e se sentem na obrigação de cumprir as regras.

Motoristas cotidianos: Ser motorista é principalmente estar seguro dentro de seu carro, mas começa a ser visto cada vez mais como estar exercendo um papel de tensão e preocupação constante. Ainda assim, é maior o número de pessoas que preferem ser motoristas a pedestres. Estes estariam sujeitos a riscos, mais que os motoristas. Já os ciclistas correriam duas vezes mais riscos, ao viver no limiar entre a rua e a calçada. Ou seja, não são nem pedestres, nem motoristas, mas correm os riscos de ambos por *transitar* nesses dois mundos. Assim, o ciclista é o que correria mais risco, aproximando-se da figura dos motociclistas.

O estilo "brasileiro" de dirigir

Motoristas de caminhão: No geral, não souberam dizer se existe um estilo de dirigir.

Motoristas de táxi: Os entrevistados apontam os diversos modos de dirigir, enfatizando que no Espírito Santo os motoristas são mais infratores que em outros estados. Afirmam ainda que a maioria dos motoristas é impaciente e apressada.

Motoristas de ônibus: A maioria dos entrevistados não soube dizer ao certo se existe um estilo brasileiro propriamente dito. Mas se este existisse, seria um estilo relaxado, sem muita atenção e sem muito compromisso.

Motociclistas/motoboys: A maioria acha que não existe um estilo definido. Cada um tem seu jeito de pilotar. Vale ressaltar que a moto está sempre relacionada ao *pilotar* e não ao dirigir. O *piloto* seria, de certa forma, diferente do *motorista*. Mesmo que os entrevistados não façam essa distinção verbalmente, o uso da palavra aponta para essa categorização diferencial.

Ciclistas: Alguns analisam que o estilo depende do local e dos horários, sendo que em alguns momentos as pessoas estão mais suscetíveis ao diálogo e nas horas de estresse dirigem pior. O motorista brasileiro é considerado imprudente, mal educado, impaciente, arrogante, despreocupado com as leis de trânsito e com a vida humana.

Pedestres: Alguns entrevistados ponderam que varia de cidade para cidade, sendo o paulista considerado educado por respeitar as leis e os mineiros mais cautelosos que os capixabas. O maior respeito das regras de trânsito em tais metrópoles está vinculado à iminência de acidentes em decorrência do imenso tráfego de veículos. Em relação aos motoristas capixabas, os entrevistados apontam a falta de respeito à legislação, o famoso jeitinho e a irresponsabilidade como traços característicos.

Motoristas cotidianos: O estereótipo do motorista brasileiro mencionado nas entrevistas é alarmante. Trata-se de um indivíduo *acostumado a infringir regras*, descuidado e *mal educado*, que dirige com o braço na janela do carro, fumando ou falando ao celular, consome bebida alcóolica mesmo sabendo de seu perigo, não aceitando jamais *ser ultrapassado no trânsito*. Embora com menor frequência, foi citado ainda que os motoristas brasileiros possuem a crença de que conseguirão livrar-se da punição, por meio de recursos financeiros, de uma *boa conversa* ou de *contatos*.

    O estilo do motorista brasileiro é definido ainda como imprudente, inconsequente, irresponsável, individualista e veloz. Segundo muitos entrevistados, o motorista brasileiro teria *paixão por velocidade*, como se esta passasse a sensação de liberdade e controle que ele busca ao dirigir.

Principais hábitos dos motoristas

Motoristas de caminhão: Citam como principais hábitos dos motoristas brasileiros dirigir à noite para cumprir horários de trabalho, efetuar barbeiragem, distrair-se, efetuar ultrapassagens indevidas, dirigir em alta velocidade em trechos não permitidos, faltar com educação, ser impaciente e ter o hábito de avançar no sinal amarelo.

Motoristas de táxi: Os hábitos citados referem-se às distrações dos motoristas e às infrações que cometem. Todos os entrevistados relataram ser comum infrações em decorrência da distração pelo uso do celular. Os aspectos indicados foram: dirigir só com uma mão; esquecer os retrovisores; avançar sinais; ultrapassar na contramão nos engarrafamentos; abrir a porta do carro sem verificar a passagem de outro veículo; fechar as travessias; dirigir pela esquerda. O fato de os motoristas capixabas não utilizarem a seta foi relatado como um problema que acarreta inúmeros acidentes.

Motoristas de ônibus: A falta de atenção e o hábito de sempre querer dar um jeitinho, tirar proveito da situação, torna a todos cada dia mais vulneráveis aos acidentes. Também seria comum ao motorista brasileiro cometer imprudências, ultrapassar e parar na frente de outros carros para entrar numa rua sem pensar nas consequências, avançar o sinal, trocar de faixa a toda hora, não saber aguardar e entrar na frente dos outros.

Segundo os relatos dos entrevistados, no Brasil ninguém quer esperar por ninguém, mas sempre chegar primeiro. Outras infrações consideradas típicas foram: ônibus andar na faixa de automóvel e vice-versa, ultrapassagens, a dificuldade em se reconhecer a *preferência* do outro em vias e cruzamentos, principalmente para os motoristas de ônibus. Para os entrevistados, o motorista brasileiro não conheceria bem as regras de trânsito, não respeitaria o sinal amarelo e por isso seria campeão em infrações.

Motociclistas/motoboys: Os principais atos citados como hábitos dos motoristas são as ultrapassagens, andar pelos corredores (no caso de motociclistas, principalmente), parar nas calçadas, ter pressa, não ter atenção, avançar sinal, cortar pelo lado direito.

Ciclistas: Estão relacionados ao posicionamento dos motoristas que, segundo os entrevistados, se acham os melhores – *os donos da rua*. Outros aspectos lembrados são: distrair-se, não utilizar o cinto, não respeitar as sinalizações, dirigir em velocidade excessiva, falar ao celular, ter preconceito com mulher e agressividade.

Pedestres: Os hábitos citados referem-se às infrações que os motoristas cometem, sendo que dirigir alcoolizado é recorrentemente lembrada e considerada a mais grave. Foram lembrados ainda: desrespeito à legislação, agressividade dos motoristas de ônibus, ultrapassagem do sinal e do limite de velocidade, não respeitar os pedestres, falar no telefone. Tais atitudes são consequências do sentimento de impunidade.

Motoristas cotidianos: A imprudência, a inconsequência, a desatenção e a pressa são tidas como os principais hábitos do motorista brasileiro, e como consequência disso teríamos uma grande quantidade de acidentes e atropelamentos nas cidades.

Segundo os entrevistados, os brasileiros não teriam o costume de *se planejar*, logo, estariam sempre atrasados e apressados para chegar aos locais. O abuso da velocidade, a pressa e a impaciência são relacionados ao atraso comum do brasileiro e à vida frenética da atualidade. Assim, algumas infrações consideradas *cotidianas* como *ultrapassar o limite máximo de velocidade, passar no sinal vermelho, estacionar em local proibido, fazer manobras proibidas para facilitar o acesso às ruas* são minimizadas, explicadas como *necessárias* em alguns momentos. É a famosa *lógica do jeitinho*.

Cumprimento das regras

Motoristas de caminhão: Alguns acreditam que a maioria cumpre, outros acham que não. Os que não cumprem são justamente aqueles mal preparados, que às vezes até compram as carteiras, dizem. A imprudência é a maior causa do descumprimento das leis de trânsito. Compararam os capixabas com os cariocas e a estes classificaram como *loucos que andam em cima das calçadas, cortam os motoristas para entrar nas ruas e dão fechadas nos outros automóveis*. Já os capixabas foram classificados como *burros que cometem infrações por não conhecerem as leis de trânsito mesmo*. Em geral, só cumprem as regras de trânsito quando são vigiados eletronicamente, por meio de radares.

Motoristas de táxi: Alguns entrevistados relatam que se o motorista estiver com pressa, não há de respeitar as regras de trânsito. Outro entrevistado cita que alguns não respeitam porque são ricos, e os que não são ricos não respeitam porque os primeiros não respeitam. O não respeito às regras encontra-se fortemente relacionado com a utilização de um status e/ou poder econômico para se livrar das punições.

Os motivos para esse descumprimento seriam pressa, falta de orientação, tumulto no trânsito, estresse do dia a dia, impaciência, distração, sinal desregulado, falta de sinalização e uso do celular.

Motoristas de ônibus: Todos afirmaram que as pessoas não cumprem as regras de trânsito. Vários motivos foram apontados: a desatenção, a pouca preparação dos motoristas, a falta de habilidade, a certeza da impunidade no caso de cometer infrações, a má formação – tendo em vista a facilidade para se adquirir uma carteira de habilitação. São motivos para o descumprimento das regras de trânsito a falta de conhecimento sobre elas, a falta de interesse em respeitar, a corrupção, juntamente com a certeza de impunidade, a pressa, a desatenção, a falta de educação e de uma consciência de cidadania e respeito ao outro, a competição com os outros motoristas e também a péssima sinalização das vias e o estado de má conservação das estradas.

Motociclistas/motoboys: As opiniões se dividiram. Alguns entrevistados foram mais radicais, afirmando que ninguém respeita as regras de trânsito. Outros acreditam que cumprem, principalmente aqueles que não trabalham com pressa e a pressão de serem rápidos (a minoria).

Aqui, as infrações cometidas pelos sujeitos das entrevistas são sempre relativizadas em virtude de serem percebidas como *necessidade da profissão*, por isso perdoáveis. Os entrevistados justificam as infrações cometidas por questões estruturais, na maioria das vezes, como excesso de veículos nas ruas, trânsito congestionado, falta de viadutos, falta de estacionamentos.

Ciclistas: Os motoristas não cumprem as regras porque acreditam que dirigem bem e porque falta fiscalização. Alguns citam que os jovens são os que menos cumprem as regras de trânsito.

Os motivos que levam as pessoas a não respeitarem as regras de trânsito são: "Se acham bons o suficiente para que com eles não aconteçam acidentes"; falta de fiscalização, o que facilitaria as infrações, e a impaciência, que culminaria na imprudência.

Pedestres: Os entrevistados ponderam que a minoria que não respeita é uma quantidade representativa. De modo geral, relatam que os motoristas capixabas não cumprem as regras. Os motivos disso seriam a cultura (*faz parte da cultura do brasileiro não respeitar*), a falta de educação, a impunidade, a falta de respeito à vida humana, a falta de conscientização, a pressa, a má sinalização, a impaciência, o cansaço, a cobrança do mercado de trabalho e da sociedade.

Alguns entrevistados relatam que por necessidade de autoafirmação as pessoas se transformam em outras ao entrarem em um carro. Em geral, as infrações estão relacionadas às punições brandas previstas no código de trânsito. Os entrevistados insistem em relatar casos de acidentes com vítimas fatais em que os motoristas, muitas vezes embriagados, apenas pagaram fiança e continuam em liberdade. Percebe-se que as mortes nestes casos são vistas como um assassinato como outro qualquer.

Motoristas cotidianos: O que os motoristas brasileiros temem não é a *lei* em si, é o *guarda*. Ou seja, a lei é muito mais cumprida em virtude do temor de uma punição do que por ser uma lei. Logo, no Brasil, onde para tudo existe a *cultura do jeitinho*, existiria uma *certeza quanto à impunidade* que antecederia algumas infrações e de alguma forma legitimaria a ideia do *descuido* em vez de *infração*.

Algumas infrações mais corriqueiras são relativizadas como infrações, e assim passam a ser consideradas descuidos, principalmente se não causam grandes transtornos ao outro. Entre esses atos considerados *descuidos*, podemos citar o *estacionar em local proibido*, *a famosa* baianada *quando se erra o caminho*, *a ultrapassagem indevida,* entre outros.

Pedestres x Motoristas x Ciclistas/Motociclistas

Motoristas de caminhão: Ressaltam que tanto os motociclistas quanto os ciclistas têm que respeitar as regras de trânsito. Mas, para os entrevistados, eles não respeitam; querem andar sempre no corredor como forma de ganhar tempo. As motocicletas já seriam compradas por causa da agilidade. A falta de educação e de responsabilidade no trânsito, tendo os motociclistas como modelo, seriam as maiores causas de acidentes, na percepção dos caminhoneiros; se todos colaborassem, afirmam, o trânsito seria mais seguro.

Motoristas de táxi: Quando interrogados sobre a diferença pedestre/motorista, os entrevistados abordaram espontaneamente a questão das faixas de pedestres e assumiram posturas totalmente diferentes. Se uns são unânimes em afirmar que os pedestres têm que respeitar igualmente as regras do trânsito, outros demonstram uma postura impaciente com os pedestres e afirmam que *parar para pedestres nas faixas* pode provocar acidentes com os carros de trás.

Implícito na fala desses entrevistados está o fato de que não consideram o *não parar na faixa* uma infração; percebem apenas o risco que correm. Nesse momento, *ultrapassar o sinal* e/ou *não dar a passagem ao pedestre* torna-se instância necessária, uma vez que *o outro* está sempre correndo e pode bater em *você*. Generaliza-se uma espécie de esquizofrenia, onde as infrações são uma antecipação das infrações do outro, e em que o infrator não se percebe como tal.

Entretanto, existem também aqueles que defendem uma punição mais severa para esse tipo de infração, como única forma de evitá-la.

Motoristas de ônibus: Os motociclistas são considerados sempre apressados, por isso seriam os principais causadores de acidentes; *desatenciosos, abusados* e *irresponsáveis* foram os adjetivos mais comumente atribuídos a eles. Já os ciclistas correriam muitos riscos por utilizarem tanto as calçadas dos pedestres quanto a rua (dos motoristas), possuindo uma espécie de não lugar. A infração mais comum cometida pelos ciclistas, além de não atravessar nas faixas, seria andar na contramão das ruas e avenidas.

Motociclistas/motoboys: Consideram que não existe diferença entre os papéis. Ambos teriam que respeitar as regras de trânsito. Mas, em virtude de utilizar uma máquina que pode retirar vidas, a responsabilidade do motociclista seria maior, tendo que haver respeito pelas pessoas/pedestres. Logo, cuidados com as regras estabelecidas.

Ciclistas: Evitar o menor contato possível entre os dois seria o mais adequado. A diferença relatada refere-se à questão da hierarquia. Os motoristas não prestam atenção em pedestres e ciclistas, já que somente no caso de acidentes com outros veículos haveria prejuízo material. Pedestres e ciclistas têm a garantia da lei, entretanto, não são respeitados, ambos se sentem inseguros.

Não importa se a pessoa é pedestre, ciclista e motorista; deveria haver maior consciência de todos os lados, afirmam. Alguns preferem ser motoristas porque correm menos riscos. Outros salientam que se o transporte coletivo fosse bem estruturado, se existissem calçamento, faixas e ciclovias, prefeririam não utilizar o carro. Os entrevistados se sentem presos, incomodando o trânsito, deslocados; isso ocorre por não existirem vias específicas para eles.

Pedestres: Alguns não sentem diferença entre ser motorista e ser pedestre, explicitando que todos têm que respeitar as regras; outros admitem que se faz necessário que o motorista tenha mais atenção. Citam também que os pedestres estão desprotegidos, enquanto os motoristas fazem sua própria proteção. Vemos que ora o carro é percebido como uma máquina que coloca o ser humano em estado de tensão por sua utilização ser antinatural, ora o carro é encarado como uma proteção.

Motoristas cotidianos: Os entrevistados definiram o trânsito como uma selva, uma competição constante, um mundo de perigos, um fluxo de pessoas e carros etc. É geral a percepção de que o carro é essencial para a *vida moderna*. Sendo caótico ou não, o trânsito é o regulador do vaivém cotidiano; possibilita a locomoção dos indivíduos, marca a vida produtiva (o ir e retornar do trabalho). Ele é o ambiente dos pedestres, ciclistas, motoboys e motoristas, ou seja, homens com *alcunhas a mais*, não simples homens e mulheres. A posição que cada um ocupa nesse ambiente, mesmo que seja percebida como transitória, está definida por regras e por um sistema de direitos e deveres. Todos esses aspectos são percebidos pela maioria dos entrevistados, mas esses direitos e deveres, quando saem da dimensão do *politicamente correto*, sofrem um intensa *relativização pelas circunstâncias*.

É melhor ser pedestre ou motorista?

Motoristas de caminhão: A maioria considera muito melhor a posição de motorista, mas afirmam que também são pedestres, e que todo motorista também é um pedestre.

Motoristas de táxi: Não houve convergência das respostas neste quesito. Existem os que não conseguem abrir mão da posição de motorista e a consideram acima de tudo melhor. Existem aqueles que, mais decepcionados com a situação do trânsito e afetados pela pressão permanente, afirmam ser melhor estar na situação de pedestre. E ainda há outros que reconhecem essas posições como transitórias, ou seja, que existiriam *momentos* específicos em que ser pedestre seria melhor e outros em que ser motorista seria uma vantagem considerável.

Motoristas de ônibus: As respostas se dividiram. Alguns acreditam ter responsabilidades como pedestres, assim como o motorista possui. Já outros não se sentem pedestres, consideram-se eminentemente motoristas. Alguns motoristas admitem ainda que tanto como pedestre quanto como motorista seriam impacientes e intolerantes, desrespeitando as regras.

Motociclistas/motoboys: Para os entrevistados desse grupo, essa posição seria momentânea e todos seriam motociclistas e pedestres também, mas preferem ser motociclistas.

Ciclistas: Os entrevistados são unânimes em afirmar que o ciclista está mais vulnerável, posto que mais próximo aos carros. O pedestre, dizem, tem um espaço mais demarcado (calçadas). Diferentemente dos pedestres e dos motoristas, os ciclistas não teriam vias próprias de fluxo.

Os entrevistados (ciclistas) relatam que todos cometeram infrações como motoristas.

Pedestres: Para uns, ser pedestre significa menos preocupação, ao mesmo tempo que essa condição dificulta o deslocamento. Algumas vezes, ser motorista é considerado melhor porque é uma condição associada à proteção. Foi mencionado que a legislação atual contempla também o pedestre, uma vez que a anterior desconsiderava tal posição. Lembraram-se das campanhas maciças que aumentam a conscientização, principalmente em relação à utilização e ao respeito do uso da faixa de pedestre.

Motoristas cotidianos: Sobre qual seria a melhor posição – *de pedestre* ou *motorista* –, não houve convergência das respostas. Alguns entrevistados analisam que depende da distância a percorrer, dos perigos do trânsito em questão e mesmo das circunstâncias. Citam que diante de um trânsito engarrafado é melhor ser um ciclista ou mesmo um pedestre, jamais um motorista.

Entretanto, a maioria gosta muito de dirigir, tanto na estrada quanto na cidade. Lembraram-se dos momentos de individualidade experimentados, onde puderam ouvir música, pensar na vida, rir sozinhos. Muitos entrevistados citam a *adrenalina que a velocidade provoca*, relatam adorar a velocidade e também fazer viagens longas, onde se pode trabalhar melhor o veículo, a velocidade. Em muitas falas podemos notar um certo *fetiche* que *estar ao volante* produz, mostrando-se ligado à sensação de *ter o controle,* de *ser dono de seu próprio destino.* Em algumas falas, os entrevistados relatam que os motoristas se transformam, que a maioria dos homens não foram educados para *ter um carro* e que, ao possuí-lo, acreditam ter *o poder* em suas mãos, acabando por cometer abusos.

Declarações textuais

"O carro [caminhão] é o meu lar." (**motorista de caminhão**)

"Ele se distrai, bota um celular do lado, bota uma mulher do lado e por aí vai, acontece um acidente desse jeito." **(motorista de caminhão)**

"O motorista brasileiro gosta de 'aparecer'." **(motorista de caminhão)**

"Se o outro não está respeitando, então eu também não vou respeitar." **(motorista de caminhão)**

"Para trabalhar com táxi tem que gostar de dirigir; por isso o trânsito não afeta tanto; tem motorista que fica nervoso com o trânsito... tem que saber lidar." **(motorista de táxi)**

"Tem pessoas que não sabem nem passar marcha. Os mais idosos então..." **(motorista de táxi)**

"Se o capixaba dirigisse na velocidade que o carioca dirige aconteceriam três vezes mais acidentes." **(motorista de táxi)**

"O modo de dirigir é diversificado; para mim tem muita gente que dirige bem, até mesmo mulher." **(motorista de táxi)**

"O brasileiro dirige mal, porque ele dirige só pra ele mesmo." **(motorista de ônibus)**

"Se ele é abordado pelo guarda, ele suborna." **(motorista de ônibus)**

"Como motorista, eu sou mais prudente do que como pedestre." **(motorista de ônibus)**

"O ciclista é uma pessoa muito perigosa, não tem muita proteção ou proteção nenhuma e anda muito vulnerável, como se estivesse na frente de casa; não se preocupa com ônibus, não se preocupa com nada." (**motorista de ônibus**)

"A própria Justiça não respeita as regras." (**motociclista**)

"Andar pelos corredores é normal pela agilidade da moto." (**motociclista**)

"Eu conduzo da minha maneira e acho que tá certo." (**motociclista**)

"Se for o caso, ali está uma placa 'Não Estacione', mas ele tem que entregar uma coisa no estabelecimento em frente, deixar a moto, entregar e sair; não vejo erro nisso." (**motociclista**)

"Parece que se tornam outras pessoas quando entram dentro do carro." (**ciclista**)

"Quando você está dentro do carro, tem vontade de passar em cima do pedestre. Quando você está fora do carro, acha que os motoristas poderiam parar para você passar." (**ciclista**)

"Se você esbarra no carro, você está ferindo-o moralmente." (**pedestre**)

"Em Minas e em São Paulo respeitam não por educação, mas porque, se não respeitarem, morrerão." (**pedestre**)

"Sinto-me ameaçada porque os motoristas não respeitam." (**pedestre**)

"Não se vê mais motoristas descumprindo regras propositadamente, mas sim por distração." (**motorista cotidiano**)

"Por exemplo, eu sou médica e é muito difícil estacionar próximo a certos hospitais. Uma vez eu quase fui multada, então me aproximei do guarda e ele viu que eu era médica, na realidade ele me conhecia, eu expliquei que precisei parar lá, e era proibido estacionar, mas como ele me conhecia, sabia que eu trabalhava lá perto, me liberou." (**motorista cotidiano**)

"Eu tinha ultrapassado, eu sabia, então eu dei uma buzinada para o guarda, e bem, acho que ele perdoou!" (**motorista cotidiano**)

"O brasileiro sempre infringe alguma regra, é dele, é de sua natureza." (**motorista cotidiano**)

"Em casa eu sempre ensino o correto aos meus filhos, mas na rua é faça o que eu digo e não o que eu faço (risos)." (**motorista cotidiano**)

Caracterização da rua: A pressa

Motoristas de caminhão: De modo geral, a pressa é relativizada. Segundo os entrevistados, normalmente a pessoa tem pressa porque não se programa para sair mais cedo, ou encontra um engarrafamento muito longo que acaba atrasando-a. O resultado disso seria o nervosismo, a irritação, o estresse. Em relação à pressa dos caminhoneiros, afirmam que essa depende do propósito. Se tiverem que descarregar um caminhão em tal horário, em determinado lugar e o trânsito atrasa, a tendência é que o motorista corra mais para compensar o tempo perdido.

No que se refere ao melhor comportamento para se ter num momento de engarrafamento, relatam que o jeito é se distrair, pois não se teria o que fazer. Assim, a paciência seria a melhor virtude nesses momentos. A maioria fuma, liga para alguém para avisar que vai chegar atrasado e tenta encontrar formas de distração para desviarem sua mente do momento de tensão que são os engarrafamentos.

Motoristas de táxi: As respostas convergem para *sair atrasados para os compromissos* como a principal causa da pressa. Logo, estaria relacionada às cobranças do mercado de trabalho, ao autoritarismo dos chefes, à falta de flexibilidade nos horários dos empregados e também à competitividade.

Afirmam que nos momentos de tensão os motoristas costumam gritar, xingar, buzinar – mesmo no caso de engarrafamentos que são mais constantes.

Motoristas de ônibus: No caso desses, a pressa é sempre atribuída a algo que consideram *estresse do dia a dia*, uma correria típica do mundo atual, resultado de um mercado extremamente competitivo, aliado ao autoritarismo dos patrões, à falta de flexibilidade dos horários de trabalho, às frustrações profissionais e familiares, principalmente, e também à falta de programação em sair mais cedo de casa.

Segundo os entrevistados, nos momentos de tensão, alguns motoristas procuram relaxar, ficar calmos, olhar para o lado, se distrair. Já outros afirmam que depende do estado de espírito da pessoa, do dia. Afirmam que geralmente ficam preocupados porque estão atrasados. Buzinam às vezes, xingam e cometem atos que apenas intensificam sua tensão.

Motociclistas/motoboys: Nenhum dos entrevistados afirmou que sofre pressão para andar sempre em alta velocidade. Atribuíram essa atitude aos motoboys, que ganham por comissão, por entrega, como, por exemplo, os entregadores de pizza, lanches e de produtos farmacêuticos, onde haveria uma pressão pessoal para a realização das entregas, sem as quais não conseguiriam lucrar.

Esse não foi o caso de nenhum dos entrevistados, mesmo porque os motoboys que trabalham nesse sistema não se dispuseram a disponibilizar parte de seu tempo para a realização da entrevista. Os entrevistados afirmaram ter tranquilidade em seu trabalho.

Ciclistas: Os principais motivos para a pressa seriam a falta de educação e vigilância, além de existir corrupção e sentimento de onipotência: *Não vai ocorrer acidente algum comigo*. Já o avanço de sinal à noite é justificado pela insegurança. A pressa também aparece devido à impaciência, ao estresse, ao corre-corre, enfim, às exigências da vida.

Para os ciclistas, os motoristas possuem o costume de utilizar a buzina de forma impaciente, na maioria desses casos, ou ainda cortar fila e tentar meios de ultrapassar os outros, como no caso de longos engarrafamentos. Citam também que outros motoristas se conformam com a situação, esperando pacientemente.

Pedestres: Para os pedestres, a pressa está relacionada diretamente ao *deixar tudo para a última hora*, traço citado como típico do brasileiro, assim como à complexidade e à rapidez que o mundo atual exige das pessoas. Segundo os entrevistados, as pessoas são impacientes por medo de ficarem presas no trânsito, uma vez que não seria natural do homem ficar dentro da máquina. Afirmam que, nos momentos de tensão, o mais comum é se tornarem mais violentos: gritar, xingar, buzinar, brigar, ouvir rádio, conversar, cometer infrações.

Motoristas cotidianos: A maioria dos entrevistados confere à falta de tempo e à grande quantidade de atribuições que as pessoas possuem nos dias atuais (referindo-se ao mercado de trabalho e à vida doméstica) as causas da pressa constante dos brasileiros. Entretanto, essa também é citada como oriunda de uma impaciência originária, essa por sua vez decorrente da falta de educação ou da imaturidade dos motoristas.

O ato de dirigir

Motoristas de caminhão: Gostam de dirigir e encaram o ato como essencial para suas vidas.

Motoristas de táxi: Os entrevistados relatam ser prazeroso o ato de dirigir.

Motoristas de ônibus: Afirmam que a função exige muita responsabilidade. Atividade ultimamente estaria se tornado estressante devido a problemas como acidentes, engarrafamentos, congestionamentos e as obras públicas.

Motociclistas/motoboys: Todos gostam de andar de moto, a satisfação é geral. Afirmam que a sensação de andar de moto é de liberdade, bem maior do que quando se anda de carro, porque a velocidade seria maior e o contato com o vento, imediato. Nesse momento, reconhecem andar sempre em alta velocidade, não apenas pela necessidade da profissão, mas pelo prazer que isso lhes proporciona.

Segundo eles, teriam prazos a cumprir, o que os obrigaria a ser relativamente rápidos, principalmente pela questão da cobrança dos patrões. Relatam que um motoboy que não seja ágil em suas entregas acaba sendo obviamente demitido, mas a pressão de várias entregas em um curto espaço de tempo não existiria.

Ciclistas: As palavras ou termos utilizados pelos entrevistados para definir o modo de dirigir dos brasileiros foram: *Sentem-se donos da pista, são impacientes, brutos e incapacitados*. A agressividade estaria associada à competição, pressa e falta de respeito. As pessoas agressivas se sentem com certo grau de poder, não veem vantagem na cordialidade e a utilizam como forma de extravasar.

Pedestres: A maioria dos entrevistados não dirige, e os demais afirmam não gostar de dirigir. O papel do motorista está em respeitar a vida em primeiro lugar.

Motoristas cotidianos: Pudemos identificar claramente dois *estilos* mais comuns de motoristas: há aqueles que tiraram a carteira ou começaram a dirigir por pressão familiar ou por necessidade de locomoção mais rápida e/ou cômoda e ainda um outro grupo, composto por motoristas que não conseguem imaginar-se sem dirigir, demonstrando mais impaciência e pressa ao volante, além de certa intolerância com os *erros alheios*. O primeiro tipo de motorista admite o medo de dirigir – para muitos, esse ato significa mesmo uma superação pessoal, uma vez que geralmente aprenderam a dirigir na autoescola, possuindo assim uma direção mais defensiva. Sentem-se inseguros ao volante.

Entre os motoristas mais antigos, o primeiro tipo é o mais comum. São esses também os que relatam a experiência de dirigir como *prazerosa*. Já o segundo tipo muitas vezes percebe o ato de dirigir como *estressante*.

Impessoalidade no trânsito

Motoristas de caminhão: Muitos caminhoneiros afirmam que desde que haja profissionalismo e o ser humano seja respeitado, sempre darão preferência, conhecendo ou não a pessoa. Já outros acreditam que nesse tipo de situação ocorra sim uma maior preferência nas questões de amizade. Quanto ao que esperam do trânsito ao sair de casa, dizem que esperam que seja algo tranquilo, sem acidentes.

Motoristas de táxi: Alguns entrevistados afirmam não haver diferença quando o motorista conhece ou não o entrevistado. Enquanto isso, outro admite que, ao dirigir no próprio bairro, reduz a velocidade e é mais atencioso, a fim de evitar constrangimentos em outros momentos. Geralmente, as pessoas não assumem o tratamento diferenciado aos conhecidos imediatamente, mas ao citar casos pessoais é possível notarmos que essa diferenciação existe, quase como um mecanismo de avaliação social.

Motoristas de ônibus: Os motoristas costumam ser bastante críticos em relação aos pedestres. Mesmo que estes tenham preferência nas faixas, os motoristas consideram esse *direito* muitas vezes como *abusivo*, ficando constantemente irritados com os pedestres. Entretanto, quando o pedestre é uma pessoa conhecida, costumam ser mais educados, oferecendo a passagem.

Embora, num primeiro momento, esses entrevistados também tenham dificuldade em assumir que a relação de pessoalidade ajuda no estabelecimento de um trato cordial no trânsito, admitem que quando conhecem o pedestre, ou o motorista ao lado, são mais educados, pois gostam de manter a *boa impressão*. Isso ocorre mesmo entre desconhecidos quando estabelecem uma relação de pessoalidade no trânsito: a competição se transforma em parceria e a raiva em cordialidade.

Motociclistas/motoboys: Os motoboys se queixam muito da falta de respeito dos motoristas de carros, ônibus e caminhões. Afirmam que não há cordialidade e que, no que diz respeito a reconhecer e ser reconhecido, os motoboys são sempre prejudicados, até porque não dá para ver quem está por trás do capacete. Percebem a existência de uma *hostilidade* permanente em relação a eles por parte dos outros motoristas.

Indagados sobre *o que esperam encontrar pela frente quando saem de casa*, os motoboys esperam chegar rapidamente ao seu destino e voltar logo. Esperam contar com o trânsito livre, onde possam transitar normalmente e não venham a causar nenhum acidente.

Novamente se reforça a ideia da velocidade. Essa é uma constante em suas falas e mesmo em suas representações sobre o trânsito e suas ocupações como motoboys.

Ciclistas: Há consenso em relação à mudança de atitude dos motoristas quando conhecem os pedestres. Isso ocorre, dizem, porque o motorista que conhece o pedestre põe-se no lugar do outro, tem as duas visões, respeita porque deseja ser respeitado e teme retaliações e julgamentos sociais.

Pedestres: Todos os entrevistados afirmam que há diferença quando o motorista conhece o pedestre; relatam notável mudança de comportamento quando os condutores entram no próprio bairro, sendo mais atenciosos, zelosos, parando na faixa e reduzindo a velocidade. Isso porque, dentro do próprio bairro, o pedestre pode ser alguém próximo e, portanto, não ser considerado um inimigo.

Motoristas cotidianos: A *mudança de atitude* no trânsito em virtude do fato de conhecer o pedestre ou o outro motorista não foi negada. Embora os entrevistados não tenham sido unânimes em dizer que exista, sim, um tratamento diferenciado nesses momentos, citam que o trânsito é muito corrido, que nem sempre se *reconhecem as pessoas*. Mas, quando ambientados nessa situação, majoritariamente reconhecem que agiriam de forma mais cordial e diversa com um conhecido. É notória a *preocupação em manter a boa impressão dos conhecidos*. As relações mais próximas são percebidas como sendo *naturalmente diferentes*, embora muitos afirmem ser sempre educados.

Punição e regras

Motoristas de caminhão: Afirmam ser comum o fato de as pessoas cometerem as infrações sabendo o que estão fazendo e, por isso, precisam pagar por seus atos, embora às vezes não são pegas e, quando são, apelem para o suborno, o *jeitinho brasileiro*. Essas situações são percebidas como muito cotidianas, não exceções.

Motoristas de táxi: Percebe-se que os entrevistados só consideram infrações as multas que tomaram. Quando questionados sobre outras possíveis infrações que não constam na carteira, dizem não cometer, principalmente o excesso de velocidade – o que não se aplica a ultrapassar o sinal depois de determinadas horas, postura que os entrevistados assumem claramente.

Motoristas de ônibus: As pessoas cometem as infrações principalmente porque acreditam que não serão punidas, ou que podem dar um *jeito* caso sejam multadas. Outras cometem por pura falta de conhecimento das regras de trânsito. Até mesmo quando são multadas, às vezes a multa não tem o efeito desejado, imediato, pois é cobrada muito tempo depois, quando o motorista nem se lembra mais da infração que cometeu. O mundo do trânsito é um mundo do perigo, da esperteza, da competição, mas também dos prazeres, de se respeitar regras, de ser profissional. Nesse momento, as percepções dos motoristas são bastante contraditórias. Alguns citam a necessidade de uma reciclagem obrigatória e um curso de direção defensiva para todos os motoristas que forem renovar suas carteiras.

A educação é percebida como a base da transformação de uma cultura *do trânsito* no Brasil. Através dela, as pessoas modificariam seus hábitos, seu comportamento, suas atitudes, aprendendo a respeitar o outro e as regras, principalmente. Essa crença é presente na maioria das entrevistas, assim como a percepção de que essa mudança de *cultura* não é simples, nem fácil, e que existem muitos entraves e barreiras para que realmente aconteça.

Motociclistas/motoboys: Alguns consideraram que a falta de instrução da maioria dos motoboys seria um dos motivos do desrespeito às regras de trânsito. Devido à baixa escolaridade, grande parte deles acabaria desrespeitando as regras de trânsito por não conhecê-las.

Segundo os entrevistados, eles estudariam apenas o essencial para passarem na prova da autoescola e depois esqueceriam tudo, achando que basta saber conduzir uma moto para ser um bom motoboy. Entre eles, é muito comum a *autoconfiança* em suas capacidades como motorista, ou seja, suas habilidades com a moto são elementos para a legitimação pessoal.

Ciclistas: Existe medo da punição, afirmam, porque as multas são caras, porém a vigilância é pequena e a pressa contribui para não se pensar nas consequências. Assim, *correm os riscos* por pressa, comodidade, *ideia de economizar tempo,* cultura de *quando não tem muito carro passando dá tempo de passar* e falta de conscientização.

Pedestres: Os entrevistados afirmam que os motoristas não têm medo da punição, não respeitam a vida e acreditam que estão imunes, bem ao estilo de *não vai acontecer comigo.* Outros afirmam que os motoristas têm medo da punição porque *dói no bolso.* Entretanto, ressaltam que o número de punições é pequeno, logo, o risco que correm de serem multados é mínimo. Os entrevistados vinculam casa à família, tranquilidade, ligação com as pessoas, enquanto que a rua está associada ao trabalho, ao perigo, ao desconhecido. O trânsito coloca as pessoas em estado de alerta porque é o espaço da agressão. Em casa, livre desse risco, as pessoas relaxam. Ao relacionar rua ao desconhecido, as pessoas se sentem imunes à coerção – ao contrário da casa, onde elas são reconhecidas e punidas.

Motoristas cotidianos: A *rua* é o ambiente em que *vencem os mais espertos e os fortes.* Nesse ambiente, a seleção natural de Darwin se torna a *teoria predominante,* e as *infrações* e o famoso *jeitinho brasileiro* são interpretados de forma naturalizada, como partes da *natureza humana* ou, de forma mais elaborada, como *estando arraigados à nossa cultura.* Nesse processo, o *justo* e o *injusto* são muito mais construções momentâneas que conceitos, ou seja, dependem dos fins, e os meios são altamente manipuláveis.

Declarações textuais

"A maioria tem calma, né, fazer o quê, passar por cima? Não adianta." **(motorista de caminhão)**

"O brasileiro deixa tudo para a última hora." (**motorista de caminhão**)

"Dá um dinheirinho pro guarda e acabou." (**motorista de caminhão**)

"O motorista brasileiro tá seguindo a regra do político, ele sabe que não vai ser punido." (**motorista de caminhão**)

"Pode ser a mãe dele que ele tá xingando." (**motorista de táxi**)

"Tem medo de bater e morrer. Só isso, porque ser preso... No trânsito ninguém vai preso." (**motorista de táxi**)

"Na rua, o sujeito sabe que tem outra pessoa pra limpar, na casa não, a própria pessoa tem que fazer." (**motorista de táxi**)

"Eu, por exemplo, dá vontade de largar o ônibus e ir embora." (**motorista de ônibus**)

"O estresse no trânsito deveria ser uma coisa normal, você já sai de casa sabendo que vai encontrar aquela situação." (**motorista de ônibus**)

"A gente tem prazer de sair com o carro, passear com a família. Se todo mundo respeitasse as leis, pelo menos 90%, com certeza as coisas no Brasil seriam diferentes." (**motorista de ônibus**)

"Em um ano eu levei 12 multas por falar ao celular, pois naquela época ainda não havia as modernidades da tecnologia, como viva-voz, por exemplo." (**motorista de ônibus**)

"O Brasil hoje é todo transportado em cima de uma moto e em cima de um avião, não existe coisa mais rápida." (**motociclista**)

"O motoboy hoje não para na faixa de pedestre para não ser atropelado por carro e por caminhão, pelos carros que vêm atrás." (**motociclista**)

"O pedestre tem que sinalizar que vai atravessar a rua, senão ele vai ficar uma hora ali esperando e eu não vou parar pra ele." (**motociclista**)

"Eu saio com cautela, com pensamento positivo pra não acontecer nada, graças a Deus." (**motociclista**)

"Antes de terminarmos uma coisa estamos pensando em outra e ultrapassamos coisas pelo caminho." (**ciclista**)

"Um dos fatores que facilitam as infrações é a falta de vigilância." (**ciclista**)

"O ambiente muda o comportamento das pessoas." (**ciclista**)

"Se quiser chegar rápido, saia mais cedo." (**pedestre**)

"Dentro de uma máquina você entra em estado de tensão." (**pedestre**)

"Os pedestres olham apavorados, como se o carro fosse um arma pronta para matá-los." (**pedestre**)

"Se eu sair na rua a pé eu posso ser agredido, um carro em alta velocidade é uma agressão para mim." (**pedestre**)

"A cidadania não é trabalhada como aspectos de formação. Direitos e deveres se confundem." (**motorista cotidiano**)

"[Os motoristas infratores] correm o risco porque acreditam que não vai acontecer nada, sempre os que morrem são os outros." (**motorista cotidiano**)

"As pessoas têm medo da multa, não do acidente." (**motorista cotidiano**)

"Não é a pressa, é o espírito de querer ser o melhor em tudo o que ele entra. Isso nota-se também na praia, com o jetski. A necessidade que o brasileiro tem de provar para ele mesmo que é o melhor." (**motorista cotidiano**)

O prazer de dirigir

Motoristas de caminhão: Esses entrevistados acreditam que dirigir não chega a ser estressante, porque, como afirmaram, se fosse estressante já teriam parado há muito tempo; mas também é uma ação que não pode ser considerada um prazer, e sim o seu trabalho.

A carteira de motorista representa o lado profissional, um documento para dirigir. O ganha-pão. O que mais gostam no ato de dirigir é saber que o carro está bom, com tudo funcionando perfeitamente, pois é sinal de segurança e economia. Gostam da viagem em si, da sensação de liberdade.

Indagados quanto à possibilidade de não dirigirem mais em suas vidas cotidianas, acreditam que devam enfrentar dificuldades normais – como todo cidadão – de locomoção, lazer, mas que isso seria contornável.

Motoristas de táxi: Os entrevistados gostam de dirigir, mas não especificam exatamente o porquê. As respostas caminham para a *normalização* do ato de dirigir; as mais recorrentes foram as seguintes:
- É bom porque sempre gostou de dirigir;
- Profissão, bom, gratificante, oportunidade de levar os passageiros em outros locais;
- É normal.

Motoristas de ônibus: Em relação às suas experiências familiares e pessoais com o ato de dirigir, relatam que estas costumavam ser mais prazerosas e vantajosas, mas que atualmente os engarrafamentos constantes, os acidentes e mesmo os guardas (aqui percebidos como um problema, um entrave ao fluxo do trânsito, ao seu funcionamento) tornariam o trânsito, cada vez mais, um lugar menos prazeroso e relaxante.

Motociclistas/motoboys: De um modo geral consideram prazeroso andar de moto, apesar de em situações de cobrança afirmarem que a profissão de motoboy possa ser estressante.

Ciclistas: Aqueles que dirigem gostam de dirigir, na maioria se sentem mais seguros em seus carros que em suas bicicletas; como ciclistas, sentem-se inseguros e ameaçados pelos carros, motos e ônibus. O prazer de andar em suas bicicletas se dá mais por se tratar de uma atividade física, não por se tratar de uma bicicleta como meio de locomoção.

Pedestres: Os entrevistados relatam que dirigir representa responsabilidade, uma vez que o carro é comparado a uma arma. Dirigir também é vinculado às palavras necessidade e liberdade.

Motoristas cotidianos: É quase um consenso a ideia de que o motorista se transforma quando está num carro, e a ele é atribuído um *poder imanente*, capaz de transformar o homem que o *possui*, alterando sua percepção de espaço e suas noções de responsabilidade. Muitos entrevistados citam a *adrenalina que a velocidade provoca*, relatam adorar a velocidade e também fazer viagens longas, onde se pode ser mais veloz.

Beber e dirigir

Motoristas de caminhão: Para os entrevistados, cada caso seria um caso, e a quantidade de álcool considerada prejudicial dependeria muito do organismo de cada pessoa, ou seja, existe uma relativização dos perigos de se ingerir álcool e dirigir. Mas alguns citaram que a bebida faria, sim, muita diferença na forma com que o motorista conduz seu automóvel, principalmente em sua atenção e em seus reflexos.

Motoristas de táxi: A maioria dos entrevistados relativiza as quantidades de bebida alcoólica que seriam prejudiciais em virtude dos organismos dos indivíduos e de sua *resistência*, justificando assim as *pequenas quantidades como possíveis*. Os outros são radicalmente contra e afirmam que uma dose de qualquer bebida alcoólica prejudica os reflexos e a atenção de qualquer motorista.

Motoristas de ônibus: A combinação beber e dirigir é considerada perigosa, os entrevistados afirmam que ingerir bebidas alcoólicas e dirigir interfere nos reflexos dos motoristas, além de prejudicar sua direção. Entretanto, mesmo concordando com *o que afirmam os cientistas*, a bebida agiria diferentemente no organismo de cada pessoa (notando-se a relativização de seu efeito).

Motociclistas/motoboys: Aqui mais uma vez a quantidade de bebida que seria prejudicial à direção é relativizada. Embora alguns entrevistados citem que a bebida causa muitos transtornos e que pilotar uma moto e beber é sinônimo de acidentes, outros afirmam que certas quantidades seriam aceitáveis e poderiam não alterar em nada os reflexos dos motoristas. Essa percepção é alarmante!

Ciclistas: Todos os entrevistados afirmam que qualquer quantidade de bebida afeta o reflexo das pessoas, impedindo-as de agirem rapidamente numa situação de emergência.

Pedestres: Os entrevistados relativizam as quantidades de bebida alcoólica, prejudiciais de acordo com os organismos dos indivíduos, sendo que alguns teriam menos resistência, o que lhes nega, dessa forma, qualquer dose. Alguns lembram que depende da responsabilidade das pessoas em parar de beber na hora certa. Uma vez que isto é extremamente complicado, melhor seria evitar qualquer dose. Há relatos de inúmeros acidentes provocados por motoristas alcoolizados.

Motoristas cotidianos: A maioria dos entrevistados é enfática em afirmar que o álcool é responsável pela perda de reflexos e, para tanto, aludem à comprovação científica. No entanto, relativizam as quantidades que seriam *perigosas à direção* em virtude das características biológicas de cada indivíduo.

 Foram comuns falas como *eu não dirijo quando estou bêbado, mas se beber só uma lata, sim*. É predominante o discurso de que existem diferentes *níveis* que possibilitam ou não *beber e mesmo assim dirigir*. Existe *muito bêbado, pouco bêbado*, estados que são definidos pelo próprio sujeito que comete o ato de ingerir bebidas alcóolicas.

Sinal de trânsito

Motoristas de caminhão: O sinal de trânsito é muito importante, pois se não houver sinalização, placas, o motorista não tem como saber que adiante pode haver uma curva perigosa, ou um cruzamento. Representa a organização do trânsito.

Motoristas de táxi: As palavras utilizadas para representarem a sinalização foram: organização, parada obrigatória.

Motoristas de ônibus: Tanto o sinal quanto o cinto de segurança representam uma lei que deve ser respeitada, além da segurança.

Motociclistas/motoboys: O sinal de trânsito significa respeito às regras de trânsito. É mais uma regra que deve ser seguida em prol da segurança e organização no trânsito.

Ciclistas: Percebe-se uma desaprovação do sinal. Os entrevistados apontam viadutos e pontes como melhor solução. Não obstante, o sinal representa organização do fluxo, existe porque *ninguém respeita ninguém*.

Pedestres: As ideias mencionadas foram controle do trânsito, oportunidade para atravessar a rua, desespero dos motoristas apressados.

Motoristas cotidianos: Para definir os *sinais de trânsito* foram utilizadas palavras como segurança, limitador, a regra inevitável; ideia de atenção e até mesmo dificultador do fluxo do trânsito. A percepção da necessidade da sinalização, embora seja dominante, não é geral.

Cinto de segurança

Motoristas de caminhão: Conhecem várias pessoas que não utilizam o cinto, inclusive eles mesmos, mas consideram importante para a segurança, embora afirmem que incomoda e atrapalha a direção em algumas ocasiões. As justificativas para a não utilização do cinto são as de que este incomodaria, sujaria a roupa, apertaria o motorista, ou que, quando se trata de uma distância pequena (viagem para perto), não seja necessário.

Motoristas de táxi: Alguns entrevistados ponderam que a maioria usa o cinto. Outros relatam que muitos não usam por distração. Mas, por ser uma infração muito fiscalizada, tendo, portanto, grande possibilidade de multas, as pessoas estão aprendendo a utilizar.

Alguns entrevistados chegam a relativizar o não uso do cinto de segurança, percebendo este como um *incômodo*. Chegam a afirmar que os guardas deveriam ser mais *maleáveis* com a multa. A percepção de sua importância está amplamente expressa em suas falas, embora não em seus atos. Alguns entrevistados assumem que *os outros não gostam de utilizá-lo sempre*. Os entrevistados relatam que os passageiros não costumam utilizar sempre o cinto. No banco traseiro de muitos carros, os cintos estão embaixo dos bancos, ou seja, nem se espera que sejam utilizados.

Motoristas de ônibus: A maioria conhece a importância do cinto de segurança, mas afirma não gostar de utilizá-lo. Os motoristas de ônibus entrevistados relataram não utilizar o cinto sempre, ou quase nunca; a justificativa é o incômodo, o esquecimento, o desconforto e o fato de o cinto machucá-los. Quanto ao uso do cinto fora do ambiente de trabalho, consideram importante, apesar de alguns acharem que o cinto também pode atrapalhar até mesmo em um acidente; consideram que há mais prós do que contras na utilização do cinto e nos efeitos causados por eles.

Motociclistas/motoboys (nesse caso foi discutido sobre o uso do capacete): Todos afirmaram que utilizam os capacetes e que não conhecem ninguém que não os utilize, até porque a fiscalização seria muito intensa em relação a esse item de segurança. O que ocorre com frequência é que o motociclista anda com a viseira levantada, algo que também é proibido, mas que acaba passando despercebido na maioria das vezes. Relatam ainda que no interior é mais comum ver motociclistas sem capacete devido à falta de fiscalização.

Ciclistas: Os entrevistados relatam que o uso do cinto de segurança é importante para proteção e sobrevivência.

Pedestres: O cinto representaria segurança, proteção e sobrevivência. Alguns entrevistados questionam a inexistência de cinto nos ônibus (lembrando que as pessoas andam até em pé) e a falta de fiscalização do cinto nos bancos traseiros.

Motoristas cotidianos: Há praticamente consenso no que se refere ao uso do cinto de segurança. Segundo a maioria dos entrevistados, todos os motoristas sempre respeitam. Entretanto, frisam que as pessoas não utilizam o cinto no banco de trás, justificam que não é cobrado e que os guardas não têm tanto controle.

O uso do celular seria também muito comum ao volante, uma infração considerada muito grave por retirar a atenção do motorista.

Para a grande maioria dos entrevistados, cinto é sinônimo de segurança, embora alguns motoristas mais antigos relatem *incômodo* pelo seu uso. Os motoristas da Grande Vitória parecem ter assimilado a importância do uso do cinto em seus cotidianos.

Declarações textuais

"Se vem uma pessoa de fora e te trata mal, você também não vai tratá-la bem; e isso acontece no trânsito também." (**motorista de caminhão**)

"Ser motorista e fazer besteira não adianta, tem que ser educado, respeitando a lei e o próximo." (**motorista de caminhão**)

"Às vezes tem pessoas que bebem uma cerveja ou duas ou dez e não sentem nada; outras bebem um copo e ficam doidas." (**motorista de caminhão**)

"Muita gente acha que o cinto atrapalha; eu já acho o contrário, acho que se tem que usar, tem que usar." (**motorista de caminhão**)

"Quem sou eu para duvidar dos estudiosos; se os estudiosos dizem que é um troço para o bem, então tem que ter." (**motorista de caminhão**)

"Antigamente eu tinha mais tesão para sair de carro. Hoje não, já que eu tenho, tudo que você conquista perde o valor, o tesão." (**motorista de táxi**)

"Amarelo já estão multando, tem que ver se tem um carro atrás; ou você passa ou você bate; já vão e canetam." (**motorista de táxi**)

"Depende. Se você nunca bebeu e bebe uma garrafa de cerveja, vai ficar bêbado. Se é acostumado a beber todo fim de semana, você bebe uma, duas garrafas, não vai acontecer nada. Depende da dose." (**motorista de táxi**)

"Antigamente eu tinha prazer, porque pegava o carro e ia viajar sem problemas; hoje tem trânsito, engarrafamento, muitos acidentes. É muito bom poder sair sem se preocupar com os guardinhas." (**motorista de ônibus**)

"Meu sustento e o da minha família dependem do trânsito." (**motorista de ônibus**)

"Às vezes, em uma ultrapassagem se obriga a exceder a velocidade." (**motorista de ônibus**)

"É hábito. Se eu dirigir hoje sem colocar o cinto parece que eu estou sem camisa." (**motorista de ônibus**)

"Não considero o ato de dirigir nem prazeroso nem estressante, porque como um instrumento de trabalho não podemos dizer que é um prazer; prazer é quando a gente está passeando..." (**motociclista**)

"É a hora que a gente tem que parar para deixar o pedestre passar." (**motociclista**)

"Qualquer bebida faz muito mal, é perigoso." (**motociclista**)

"Não é tão assim como as pessoas falam; é claro que se você beber muito não deve dirigir, mas se tomei uma latinha isso não vai alterar em nada a minha direção." (**motociclista**)

"O sinal de trânsito já virou bagunça, ponto comercial." (**ciclista**)

"Gosto de andar de bicicleta, mas prefiro fazer como exercício, passeio e não como meio de transporte." (**ciclista**)

"Não temos vias para nós, temos que andar no meio dos carros e isso é sempre muito perigoso." (**ciclista**)

"Se beber, não dirija!" (**pedestre**)

"Você [motorista] está responsável pela vida dos outros, os pedestres." (**pedestre**)

"Ter carro é garantia de liberdade, de mobilidade." (**motorista cotidiano**)

"Ser motorista é desfrutar de uma invenção extraordinária que é o veículo, que proporciona liberdade. Como tudo na vida, para desfrutar dessa liberdade você tem que ter uma enorme responsabilidade." (**motorista cotidiano**)

"Os sinais de trânsito são necessários, são uma regra. Se um passa, o outro tem que parar. Mais do que qualquer outra regra, o importante é a disciplina. Impossível viver sem eles." (**motorista cotidiano**)

"Já o cinto de segurança é uma coisa natural, hoje é difícil ver alguém sem cinto." (**motorista cotidiano**)

Punições

Motoristas de caminhão: Existem algumas punições com que os motoristas de caminhão não concordam, como os radares escondidos nas estradas, as multas por se usar o celular e fumar. Mas, de um modo geral, concordam com a maioria delas. Aqui vale uma ressalva, uma vez que existe uma reclamação quase unânime em relação ao sistema de punição por meio da perda de pontos na carteira.

Motoristas de táxi: Em relação às punições, alguns acreditam que elas deveriam ser mais severas. Outros, que elas deveriam ser para além de financeiras. Afirmam que as regras na sociedade diminuem as infrações; evitam a bagunça e o caos.

Motoristas de ônibus: Alguns entrevistados não concordam com as punições para as infrações de trânsito, porque acham que são muito rigorosas, haveria punições demais. Outros concordam, mas acham que não têm a eficácia que desejavam, não sendo bem aplicadas.

Os entrevistados acreditam que antes de se punir o infrator, deveria ser feito um processo de *educação*, uma reciclagem. Acreditam que possam existir outras formas de se punir que não por meio da aplicação de multa ou de apreensão de veículo. Já outros acham que deveriam tomar a carteira de motorista e obrigar o infrator a passar por todo o processo novamente ou, mais radicalmente, que deveriam proibir o infrator de dirigir.

Motociclistas/motoboys: Em relação às punições de trânsito, afirmam concordar apenas com algumas. Principalmente para os motoboys, cuja natureza do trabalho é ser rápido, algumas punições – como estacionar em local proibido – deveriam ser relevadas e mesmo revistas, a fim de se ter exceções em virtude do trabalho que realizam.

Os entrevistados relatam que muitas vezes param por um momento para fazer alguma entrega e são obrigados a estacionar em calçadas, em estacionamentos rotativos, e acabam sendo multados. Eles reclamam que deveriam ter mais estacionamentos destinados a motos e que, em virtude deles não existirem, suas infrações deveriam ser perdoadas.

Ciclistas: Há consenso de que as regras deveriam ser mais bem fiscalizadas e mais rígidas. As leis são válidas quando cumpridas. Regras em sociedade serviriam para reger, orientar, pautar pessoas, ações e comportamentos, evitando que cada um faça o que quer. O problema, afirmam, seria a impunidade.

Pedestres: Todos os entrevistados relatam que as punições deveriam ser mais severas, principalmente no caso de acidentes com vítimas fatais. Acredita-se que a legislação está correta, mas questiona-se a eficiência de quem pune. Alguns consideram que não deveria ser permitida qualquer quantidade de álcool no sangue. Há consenso de que as regras existem para respeitar o direito do outro, para evitar o caos, padronizar as ações, organizar a sociedade.

Motoristas cotidianos: A maioria dos entrevistados afirma concordar com as punições, alguns as consideram brandas e afirmam que muitas deveriam ser mais severas para se evitar acidentes. Afirmam ainda que o fato de o Detran punir com multas é algo positivo, uma vez que *o brasileiro só sentiria dor em seu bolso*. Entretanto, averiguamos falas no sentido de se *criminalizar* algumas infrações consideradas *perigosas à vida dos outros* no sentido de se punir com *encarceramentos*, não apenas multas.

É importante ressaltar que a *infração* por parte dos brasileiros é considerada uma *cultura* e não um problema social, educacional ou qualquer outro. Trata-se de uma *característica do brasileiro.*

Ao serem questionados se os motoristas brasileiros cumprem as regras, os entrevistados se dividiram. Alguns responderam que a maioria cumpre. Justificam sua resposta dizendo que os motoristas sabem que há punição e que, se a maioria não cumprisse, seria um caos total. Outros são enfáticos em afirmar que os motoristas não cumprem as regras.

Nesse momento, surge também um discurso de que os *pedestres* também seriam percebidos como infratores, principalmente por não atravessarem nas faixas, embora não fossem punidos efetivamente por cometer esse ato. Os entrevistados alertam ainda para a desatenção e para o excesso de confiança dos pedestres na lei e em si.

Condecoração dos bons motoristas pelo Detran

Motoristas de caminhão: Acreditam que não seja isso o mais correto, mas sugerem que, ao motorista renovar a carteira, deveria ter sua *ficha* examinada: se essa pessoa cometeu muitas infrações, se houve acidentes, se não foi pega bêbada. A partir disso, aí sim, seria possível privilegiar os bons motoristas, sendo mais brandos na hora da renovação da carteira. Alguns concordaram na mesma hora com a ideia da condecoração.

Motoristas de táxi: Alguns motoristas concordam com as condecorações, e consideram-nas excelente ideia. Há os que não discordam, mas apreciam a ideia de condecorar os guardas de trânsito eficientes.

Motoristas de ônibus: Em relação à possibilidade de o Detran condecorar os *bons motoristas*, as opiniões também se dividem; alguns consideram-na válida, outros são críticos ao afirmar que não se deveria premiar nem condecorar um motorista que cumpre as regras, pois isso seria uma obrigação de todos.

Motociclistas/motoboys: Quanto à possibilidade de o Detran condecorar ou premiar os bons motoristas, alguns entrevistados discordam, não acham certo, afirmando que no caso dos motociclistas não se deve pensar em prêmio, mas sim em respeito por parte dos outros motoristas. Outros acham importante a iniciativa, pois acreditam que um prêmio ou uma condecoração por bom comportamento do motorista poderia sensibilizar cada vez mais o condutor a se educar no trânsito, e mesmo estimular os motoristas a serem mais corretos e cautelosos.

Ciclistas: A ideia é vista não como solução, mas como incentivo.

Pedestres: Alguns entrevistados consideram a ideia como um incentivo, um exemplo. Outros não concordam, argumentando que é uma obrigação e um desperdício de dinheiro público.

Motoristas cotidianos: Muitos entrevistados consideraram a hipótese de condecoração para os bons motoristas interessante, uma boa forma de incentivo. Contudo, outros foram taxativos em afirmar que ser um bom motorista seria uma obrigação, não um ato para ser condecorado. Outro entrevistado alerta para o envolvimento com questões políticas. Dessa forma, para a condecoração acontecer, o nível de seriedade deveria ser muito alto. Melhor seria pensar nas condecorações simbólicas, ideais porque mais difíceis de serem alvos de corrupções.

O discurso dos favoráveis é o de que seria válido valorizar os bons motoristas, isso poderia incentivá-los a ser cada vez melhores e até mesmo incentivar outros motoristas a agirem de forma correta, dependendo das vantagens que essa *condecoração* ofereceria.

O *sujeito* que cumpre todas as regras no Brasil

Motoristas de caminhão: Acreditam que é difícil existir alguém que consiga cumprir tudo, mas, se existisse, mereceria *os parabéns de todos*.

Motoristas de táxi: Os entrevistados não apontam tal pessoa como boba ou ingênua, mas como irreal, lembrando que as pessoas não param nos sinais em determinadas horas por medo de assaltos. O mesmo acontece com a pessoa que cumpre as regras em geral: consideram-na uma excelente pessoa, mas que é muito difícil de ser encontrada.

Motoristas de ônibus: A pessoa que cumpre todas as regras no Brasil é vista como um ser irreal; os entrevistados não acreditam nessa possibilidade, mas afirmam que, se existisse uma pessoa assim, seria um herói, um ser *anormal*, louco, mas que mereceria a *admiração de todos*. Acreditam ser difícil o cumprimento de todas as regras tendo em vista que também estão sujeitas às *intempéries da vida cotidiana*, citando o caso de uma ultrapassagem, por exemplo, quando o motorista é obrigado a imprimir uma velocidade maior do que a permitida.

Motociclistas/motoboys: Na opinião dos motoboys, quem cumpre todas as regras é uma pessoa correta, que deve sempre ser assim.

No entanto, consideram ser difícil respeitar todas as regras, pois existem situações em que não dá para ser certo todo o tempo. Novamente aqui é citado o *caso dos estacionamentos proibidos*. Afirmam que, por mais que procurem respeitar a regra do Proibido Estacionar, em uma situação de emergência acabam cometendo uma infração. Por isso, acreditam que as regras deveriam ser *interpretadas* por quem fiscaliza, de forma a se criar *relativizações* delas. Aqui percebemos uma noção profundamente deturpada da função das leis e regras de trânsito, que as descaracteriza como tais.

Ciclistas: Tal pessoa também é percebida como educada, como exemplo. Alguns veem tal pessoa como irreal, enquanto outros pensam que ela não faz mais que a obrigação. Uma parte dos entrevistados frisa que as regras são válidas quando acompanhadas de bom-senso.

Pedestres: Tal pessoa é considerada um exemplo, uma pessoa prudente e até mesmo uma utopia. É lembrada a dificuldade de cumprir todas as regras devido à pressão dos demais.

Motoristas cotidianos: Nesta pergunta, os entrevistados responderam com um tom de surpresa: *Um sujeito que cumpre todas as regras no Brasil* é, para todos, um ser *impensável*. Em outras palavras, um cidadão 100% correto seria algo irreal. Todos esperam cometer ou já cometeram alguma infração.

Jeitinho brasileiro

Motoristas de caminhão: Acreditam que existe tratamento diferenciado em relação às punições, mas também afirmam que, se a pessoa que age de forma correta procurar pelos seus direitos, vai ter um pouco mais de trabalho, mas também vai conseguir resolver o problema.

Quanto ao jeitinho brasileiro, é muito comum no que se refere ao suborno, por exemplo. O fato de exemplos de suborno serem muitos citados evidencia a persistência desse tipo de prática nas estradas brasileiras.

Motoristas de táxi: Os entrevistados responderam prontamente que há favorecimento quando a pessoa tem influência ou dinheiro. Um deles cita um caso em que um motorista bêbado bateu em seu carro, saiu correndo, a viatura foi atrás e, como o motorista era policial, houve dificuldade em fazer a ocorrência. Foram frequentes as reclamações sobre a Guarda Municipal e sua atuação apenas punitiva, havendo mais de uma menção ao abuso de poder.

Os entrevistados citam vários exemplos de jeitinho, como andar na contramão em rua de mão única, tentar furar fila em engarrafamento, conversar com o guarda.

Motoristas de ônibus: O jeitinho brasileiro é uma espécie de *cultura da rua*. Um exemplo seriam as ultrapassagens indevidas, a conversa e a utilização de *contatos* para fugirem da multa, e até mesmo a famosa *justificativa* para convencer o guarda de que a infração foi *necessária*. O famoso *costa-quente* é um dos *jeitinhos* mais utilizados no trânsito, principalmente quando o assunto é multa.

O jeitinho é percebido como internalizado, parte das relações sociais, embora exista rancor no fato de que não são todos os que gozam dessa possibilidade. Não existe uma *culpabilidade* para quem age dessa forma. No mundo dos *mais espertos*, felizes são aqueles que possuem seus *meios*, ou seja, que dominam o *jeitinho brasileiro*. Durante as entrevistas, os motoristas citam casos de infrações em que pessoas influentes ou de colocações sociais importantes se livrariam das multas, reforçando a crença da população na impunidade.

Motociclistas/motoboys: Acreditam que exista tratamento diferenciado, mas desconhecem algum caso específico. Acham que são casos à parte, por serem hostilizados por todos os motoristas, e até mesmo perseguidos por guardas.

Ciclistas: Os entrevistados responderam com unanimidade que a diferenciação na punição dos motoristas infratores seria um exemplo clássico de *favoritismo* de alguns em detrimento de outros, mais uma prova de que as relações pessoais modificariam a forma com que as pessoas interagem com as outras, levando-se em conta as regras e leis estabelecidas. O jeitinho não só está presente como também acarreta o aumento das infrações.

Pedestres: É consenso entre os entrevistados que algumas pessoas são mais poupadas, ou seja, cometem infrações e ficam impunes. São citados casos recentes mostrados pela mídia capixaba.

Segundo os entrevistados, o jeitinho está presente continuamente no trânsito. São citados casos de anulação de perda de pontos na carteira, entrada pela contramão, ultrapassagem de sinal amarelo, entre outros.

Motoristas cotidianos: Não existe ninguém que discorde de que o famoso *jeitinho brasileiro* seja uma prática naturalizada. O jeitinho é percebido como sendo parte da *natureza humana* ou, de forma mais elaborada, como *estando arraigado em nossa cultura*.

Declarações textuais

"Tem coisa que não adianta, tem que haver educação no trânsito. Coloca o radar aqui, chega lá na frente o cara *senta o pau*." **(motorista de caminhão)**

"Às vezes um cara como eu, que tem 30 anos de estrada, nunca bati, nunca tombei, vai fazer o psicotécnico... não dá pra me comparar com um rapaz novo, estudioso, que sabe desenhar bonitinho, o raciocínio dele é mais rápido." **(motorista de caminhão)**

"Nem os deputados que deveriam dar o exemplo não cumprem... nós, que somos pequenos, é que fazemos o certo." **(motorista de caminhão)**

[Sobre uma pessoa que cumpriria todas as regras.] "Isso aí está descartado, não existe não." **(motorista de caminhão)**

"Muitos motoristas queriam ser premiados e isso podia melhorar as coisas na rua." **(motorista de táxi)**

"Ninguém para no sinal... Pode ser assaltado." **(motorista de táxi)**

"O sistema de pontuação no Brasil não serve para nada, porque não afeta o motorista. Nos Estados Unidos, isso acarreta em aumento do preço do seguro." **(motorista de táxi)**

"Para mim não tem uma coisa difícil de respeitar não, eu respeito praticamente todas as normas." **(motorista de táxi)**

"Os guardas de trânsito ficam escondidos. Escondidos da chuva. Escondidos do sol. Ficam conversando ou falando no celular." (**motorista de táxi**)

"O objetivo seria todo motorista ser um bom motorista, mas é um bom papel do Detran fazer essa premiação." (**motorista de ônibus**)

"Hoje você comete uma infração gravíssima, como matar uma pessoa num acidente, você fica seis meses sem dirigir, depois consegue tirar sua carteira novamente; deveria ser proibido de dirigir." (**motorista de ônibus**)

"Se você pega um filho de papaizinho, não é punido, se você pegar um filho de pobre..." (**motorista de ônibus**)

"Não sou uma pessoa que gosta de ficar só dependendo de ônibus." (**motorista de ônibus**)

"Seria uma boa ideia, mas acho que não vão ser muitos os premiados, não!" (**motociclista**)

[Sobre a pessoa que respeita as regras.] "Esse cara merece o prêmio Nobel." (**motociclista**)

"Jeitinho brasileiro não existe, existe justiça." (**motociclista**)

"Ter conhecido influente, parente que possa facilitar a vida no trânsito, isso é o jeitinho brasileiro que a gente conhece." (**motociclista**)

"Uma multa dada e paga, perda de carteira. Enfim, leis mais severas."(**ciclista**)

"Minha mãe consegue retirar multa de uma forma que eu vejo como errada." (**ciclista**)

"Se ele cumpre todas as regras, realmente aprendeu a dirigir e não é uma pessoa que dirige por dirigir." (**ciclista**)

"Não cumprem porque é o jeitinho brasileiro." (**ciclista**)

"É igual a criança, tem que premiar um para os outros verem." (**pedestre**)

"Se a pessoa tem consciência do seu papel na sociedade [condecorar] é insignificante, mas diante do baixo nível cultural..." (**pedestre**)

"Um pobre coitado... a gente tenta fazer as coisas direito e não consegue." (**pedestre**)

"Se tiver alguém influente vai fazer alguma infração. Algumas reversões, por exemplo, o motorista sabe que não vai atrapalhar ninguém, a famosa 'baianada'." (**motorista cotidiano**)

"Não conseguimos ser sempre corretos, o mundo é dos mais espertos; se você não faz, o outro vai fazer, essa é a lei." (**motorista cotidiano**)

"A regra é pra dizer que seu limite vai até ali porque o meu tá começando." (**motorista cotidiano**)

[Sobre o sujeito que cumpre as regras] "Parabéns pra ele. Aliás, acho que é doente. É típico do homem transgredir." (**motorista cotidiano**)

"Ser justo é uma coisa, aplicar a lei nem sempre é ser justo, depende da situação." (**motorista cotidiano**)

"O brasileiro sempre infringe alguma regra, é dele, é de sua natureza." (**motorista cotidiano**)

Impressão e Acabamento:
EDITORA JPA LTDA.